ACQUIRE LOGICAL THINKING SKILLS AT 33 THOUGHT EXPERIMENTS

論理的思考力を鍛える

33の思考実験

北村良子

彩図社

はじめに

思考実験とは、実験と聞いて最初に思い浮かぶ理科の実験のように、道具やそれを扱う場所を必要とする実験ではありません。ある特定の条件の下で考えを深め、頭の中で推論を重ねながら自分なりの結論を導き出していく、思考による実験です。

例えば、ニュートンは落下するりんごを見て、この現象が宇宙の他の星にも働いているのではないか、なぜ月は落ちてこないのかと着想したという説があります。この思考が、有名な万有引力の法則につながっていくわけですが、これもりんごが落下するという事象を頭の中で拡大解釈していった、一種の思考実験といえます。

実験室はあなたの頭の中、実験道具はあなたの倫理観や今まで積み上げてきた知識や論理的思考力、集中力や想像力といったところでしょうか。

ですから、時間や場所を選ばず、特別な器具も必要ありません。満員の通勤列車の中でも、布団の中でも、食事をしながらでもできるのです。あらためて自分を知るきっかけにもなりますし、脳トレーニングにも力を発揮します。

とくにビジネスの場でも欠かせない論理的思考力を鍛えるために、思考実験は役に立ちます。推論を重ねながら物事を様々な角度から見つめ、結論を導き出していくためには論理力が必要になるからです。

私はパズル作家として日々多くの問題と向き合う中で思考実験に出会い、本書を書くことになりましたが、パズルと思考実験は脳を鍛えるために非常に有効であり、しかも楽しめるという点で共通しています。


本書では、そんな刺激的な思考実験を全部で33本用意しました。有名な思考実験から筆者のオリジナルの思考実験まで、幅広い視野で楽しめるよう厳選しました。

最初に出てくるのは思考実験を一躍有名にしたトロッコ問題です。暴走したトロッコが線路を走ってきて、その先にいる作業員にぶつかり、作業員は死んでしまう、という1つの場面からいくつもの設定が加わり、シナリオが多岐にわたって展開していきます。

トロッコを避けるとか、トロッコが近づくのに気がつくといった現実には考えられる視点をあえて外すことで選択肢を絞り、難しい判断を行います。

その他、俊足の男が亀に追いつけないはずだという「アキレスと亀」に代表されるようなパラドックス問題、数字を扱った極めて論理的な問題、過去と未来を想像したり初めて色を見た瞬間を想像したりと脳の中で世界観を作り出す必要のある問題もあります。

物語やトリックのような世界を楽しんでいるうちに自然と論理的思考力が鍛えられ、思考の中の新たな発見や気づきが生まれることに気がつくでしょう。

それでは早速、思考実験を楽しんでみてください。

論理的思考力を鍛える　33の思考実験　もくじ

はじめに・2

第1章　倫理感を揺さぶる思考実験　13

【思考実験No.01】暴走トロッコと作業員……16
——暴走するトロッコの先にいる5人を見殺しにするか、線路を切り替えてその先にいる1人を犠牲にするか

【思考実験No.02】暴走トロッコと作業員と太った男……24
——暴走するトロッコの先にいる5人を見殺しにするか、1人を線路に突き落としトロッコに当てて止めるか

【思考実験No.03】暴走トロッコとループする線路……33
——暴走するトロッコの先にいる5人を見殺しにするか、ループする線路に切り替え、そこにいる1人を壁にするために犠牲にするか

【思考実験No.04】臓器くじ……40
――健康診断に来た男を安楽死させ、臓器移植を待つ5人にその臓器を提供することは、ありかなしか

【思考実験No.05】完全平等な臓器くじ……42
――臓器移植のための臓器提供者を全ての人の中からくじ引きで決めることは、ありかなしか

【思考実験No.06】6人の患者と薬……48
――特効薬が1つしかない状況で、重篤な患者1人と中程度の症状の患者5人がいたら、どちらに薬を使うか

【思考実験No.07】効かない薬……51
――薬が効きにくく5人分の薬を必要とする患者1人と、通常通りの分量で治る5人がいるとき、薬が5人分しかないならどちらに使うか

【思考実験No.08】村のおたずねもの……56
――暴徒化した村人5人と、濡れ衣をかけられたよそ者、どちらを救うか

第2章　矛盾が絡みつくパラドックス　61

【思考実験No.09】テセウスの船……64
——長く修理して使い続けられてきたテセウスの船と、修理の際に剥がされた木片で復元したテセウスの船は、どちらが本物か

【思考実験No.10】アキレスと亀……77
——俊足のアキレスと鈍足の亀が競走することになったが、いつまでたってもアキレスは亀に追いつけない。これはなぜか

【思考実験No.11】5億年ボタン……82
——ボタンを押すと異世界で5億年過ごすことになるが、終われば辛い記憶がなくなり元の世界に戻れるアルバイト。100万円で引き受けるべきか否か

【思考実験No.12】タイムマシン物語……91
——自分が生まれる前に死んでしまった母親をタイムマシンで救いに行くことは可能か

【思考実験No.13】タイムマシン物語・2……95
――20年前に死んだ妹を、タイムマシンで救いに行くことは可能か

【思考実験No.14】タイムマシン物語・3……99
――タイムマシンで過去に行き、祖父母の出会いを妨害することで、父親の誕生を阻止することは可能か

第3章 数字と現実の不一致を味わう思考実験 105

【思考実験No.15】モンティ・ホール問題……108
――3つのドアがあり、正解のドアを選べば景品がもらえる。不正解のドアを1つ聞いてから選択するドアを変えると、正解率は上がるか

【思考実験No.16】不平等なデザインコンテスト……124
――確率的に不利なコンテストで、自分以外の結果を聞いた場合、勝率は上がるか

【思考実験No.17】ギャンブラーの葛藤……140
―ルーレットで連続9回赤が出ている場合、次に黒が出る確率は赤が出る確率よりも高いか

【思考実験No.18】トランプの奇跡……148
―トランプをランダムに4枚引いて全ての絵柄がAである確率と、全て違う絵柄である確率はどちらが高いか

【思考実験No.19】カードの表と裏……152
―「偶数が書かれたカードの裏はハート」という条件がある場合、6枚のカードのうち、どのカードをめくればその条件が正しいかわかるか

【思考実験No.20】見抜く質問……154
―塾で働いている人の条件が適切かどうか、誰に何を聞けば見抜くことができるか

【思考実験No.21】注文伝票の裏側……160
―「コーヒーを頼まなかった女性は全員スイーツを頼んだ」と店員が言ったとき、どの注文伝票の裏を見れば、店員が言っていることが正しいかわかるか

【思考実験No.22】2つの封筒……167
——金額が書かれた紙入りの封筒が2つあり、片方には倍か半分の金額が書かれている。一度選択した封筒を取り替えてもいいと言われたら、交換するほうが得か否か

【思考実験No.23】2つの封筒・2……184
——片方の封筒には2万円が入っており、もう片方の封筒にはその倍か半額が入っている。この封筒はもう1つの封筒と取り替えたほうが得か否か

【思考実験No.24】エレベーターの男女……187
——フロアに訪れる客が男女半々だと分かっているとき、2人乗りのエレベーターからまず男性が降りてきたら、次に降りる人は女性と男性、どちらの可能性が高いか

【思考実験No.25】あり得ない計算式……197
——「1＝0．999999……」はあり得るか

【思考実験No.26】あり得ない計算式・2……205
——「2＝1」はあり得るか

第4章 不条理な世の中を生き抜くための思考実験 213

【思考実験No.27】抜き打ちテスト ……… 216
――「来週抜き打ちテストを行う」と宣言してしまったら、抜き打ちでテストを行うことはできない？

【思考実験No.28】生きるための答え ……… 224
――「お前が言った死に方で死なせてやる」と言われたときに、生き残るためにはなんと答えればいいのか

【思考実験No.29】生きるための答え・2 ……… 228
――「私がこれから行うことを当てたら殺さないでやろう」と言われたら、生き残るためにはなんと答えればいいのか

【思考実験No.30】共犯者の自白 ……… 230
――容疑者であるA氏、B氏。ともに黙秘すれば懲役2年。片方が自白すれば自白した方は釈放、片方は懲役10年。ともに自白すればお互い懲役6年、どれを選ぶ？

【思考実験No.31】マリーの部屋……236
——生まれたときから世界が白黒に見えるゴーグルをつけている色の研究者マリーが、ゴーグルを外したときに知ることは何か

【思考実験No.32】バイオリニストとボランティア……241
——他人であるバイオリニストを助けるために、9か月間、自分が管につながれ拘束されることを了承する必要はあるのか

【思考実験No.33】コンピュータが支配する世界……248
——コンピュータが職業適性や犯罪者を判断してくれる世界は幸せか

おわりに・252

第１章

倫理感を揺さぶる思考実験

▶暴走トロッコと作業員・・・・・・・・・・・・16 ページ
▶暴走トロッコと作業員と太った男・・・・・・24 ページ
▶暴走トロッコとループする線路・・・・・・・33 ページ
▶臓器くじ・・・・・・・・・・・・・・・・・40 ページ
▶完全平等な臓器くじ・・・・・・・・・・・・42 ページ
▶６人の患者と薬・・・・・・・・・・・・・・48 ページ
▶効かない薬・・・・・・・・・・・・・・・・51 ページ
▶村のおたずねもの・・・・・・・・・・・・・56 ページ

あなたは「どちら」を助けますか？

これから登場する問題は、生死という重くはありますが誰もが想像しやすい問題を考えることで、哲学者をはじめとした多くの人の関心を引いてきました。

問題の設定がまさに起こったとしたらどういう行動をとるかを思考して決断を下す、それによってあなたは自分の倫理観や判断基準に何か気づくものを感じるでしょう。

また、自分とは異なる意見、多数派の意見を知ることで、この章の倫理問題は思考の幅を少しでも広げる手伝いをしてくれるはずです。

この章では、５人を助けるか、１人を助けるかという共通の問題を考えます。

現実にはあり得ないような設定がされていますが、これらの設定は５人か１人かという１つの問題に的を絞るためのものと考えてください。

実際の現場を考えればその他の選択肢がある場合がほとんどですし、あなたが行うことになる行為により必ずしも予想する結果になるとは限りません。

そもそもこのような現実にはあり得ない設定の中で、不愉快で意味のない決断を迫られる必要があるのかと思うことがあっても不思議ではありません。

ですが、これは思考実験ですから、あくまでフィクションとしての設定です。

ここでは、現実離れしていて考えても無駄だ、命を比べるというのはけしからん、という点が問題になっているのではありません。また、本書は命の選別を行うことを推奨しているわけでもありません。

それでは、思考実験の世界に足を踏み入れてみましょう。

【思考実験No.01】

暴走トロッコと作業員

この「暴走トロッコと作業員」は、イギリスの倫理学者フィリッパ・フットが1967年に提示し、今日まで議論が繰り返されてきている非常に有名な思考実験です。

思考実験がどのようなものかをまずは体感していただくために、この有名な思考実験から始めたいと思います。

トロッコ問題の思考実験はいくつかのパターンがありますが、いずれも共通しているのは5人を助けるために1人を犠牲にするのは正しいか？　ということです。

5人を助けるか、1人を助けるかという部分は同じでも、背景として様々な設定があり、その設定により多数派となる意見が異なってきます。

ある条件下では5人を助けることを選択し、他の条件下では、1人を助けるほうを選択する人が多くなるのです。あなたの思考で是非それを体感してください。

ただ、あなたの意見は多数派に属さないかもしれません。もしそうなったとしても、多数派が正解というわけではありませんのでご安心ください。

それでは、シンプルで1番有名なトロッコ問題からみていきましょう。

＊

線路の切り替えスイッチのそばにいるあなたは、とんでもない光景を目の当たりにしていました。

あなたの右方向から石をたくさん積んだトロッコが猛スピードで暴走しています。ブレーキが故障しているのか明らかに異常なスピードです。

とうてい今から止めることはできません。ただ、線路の切り替えを行えば進行方向を変えることができます。

線路の先には5人の作業員がいます。5人ともトロッコにはまったく気づいておらず、おそらく避けることはできないでしょう。このままではトロッコが突っ込み、5人は死んでしまいます。

あなたは、切り替えスイッチの存在に気がつき、これを切り替えて5人を助けようと思い立ちます。あなたは切り替えスイッチに近づき、勢いよくスイッチに手を伸ばします。

しかし何ということでしょう。あなたは一瞬、切り替える先の線路のほうに目をやり、様子を確認しました。すると、視線の先には1人の作業員がいるではありませんか。スイッチを切り替えれば、この1人の作業員が死んでしまいます。

あなたはこの6人と面識はなく、6人とも何の罪もない人です。ただ、悲惨な現場に居合わせてしまっただけです。あなたもたまたまこの現場に居合わせてしまっただけで、そこにスイッチがなければただの傍観者の1人です。

実際には「5人もいればだれか気づくだろう」とか、「大声を出して危険を知らせる」とか、いろいろな方法を考えてしまうところですが、ここではスイッチを切り替えること以外あなたにできることはなく、作業員は皆トロッコの暴走に気づいていない状態とします。

あなたはスイッチを切り替えますか？

それともそのままにしますか？

A
B
A
B

考え方のヒント

あなたの考えはまとまったでしょうか？

ここからはこの思考実験においてどのような考え方があり、何が主流となる考え方かを紹介していきますので、ご自分の中で思考実験を一通り行ってから読み進めてください。

さて、この思考実験は、NHKで放送されたサンデル教授の『ハーバード白熱教室』で取り上げられ知名度を上げた問題です。そのため、ご存知の方も多いかもしれません。

この思考実験の多数派は「スイッチを切り替え、1人を犠牲にして5人を助ける」です。有名な思考実験なので統計データも複数あり、だいたい85％以上の人がスイッチを切り替えて5人を助ける、そのために1人を犠牲にする行動を起こすことは許されると回答しています。

この条件下では主に1人より5人を助けるという、単純な数としての思考が働きます。面識のない5人と1人で、どちらにも感情を変化させる要素もないため、比較的冷静に思考している状態です。

トロッコ問題の考え方の多数派と少数派

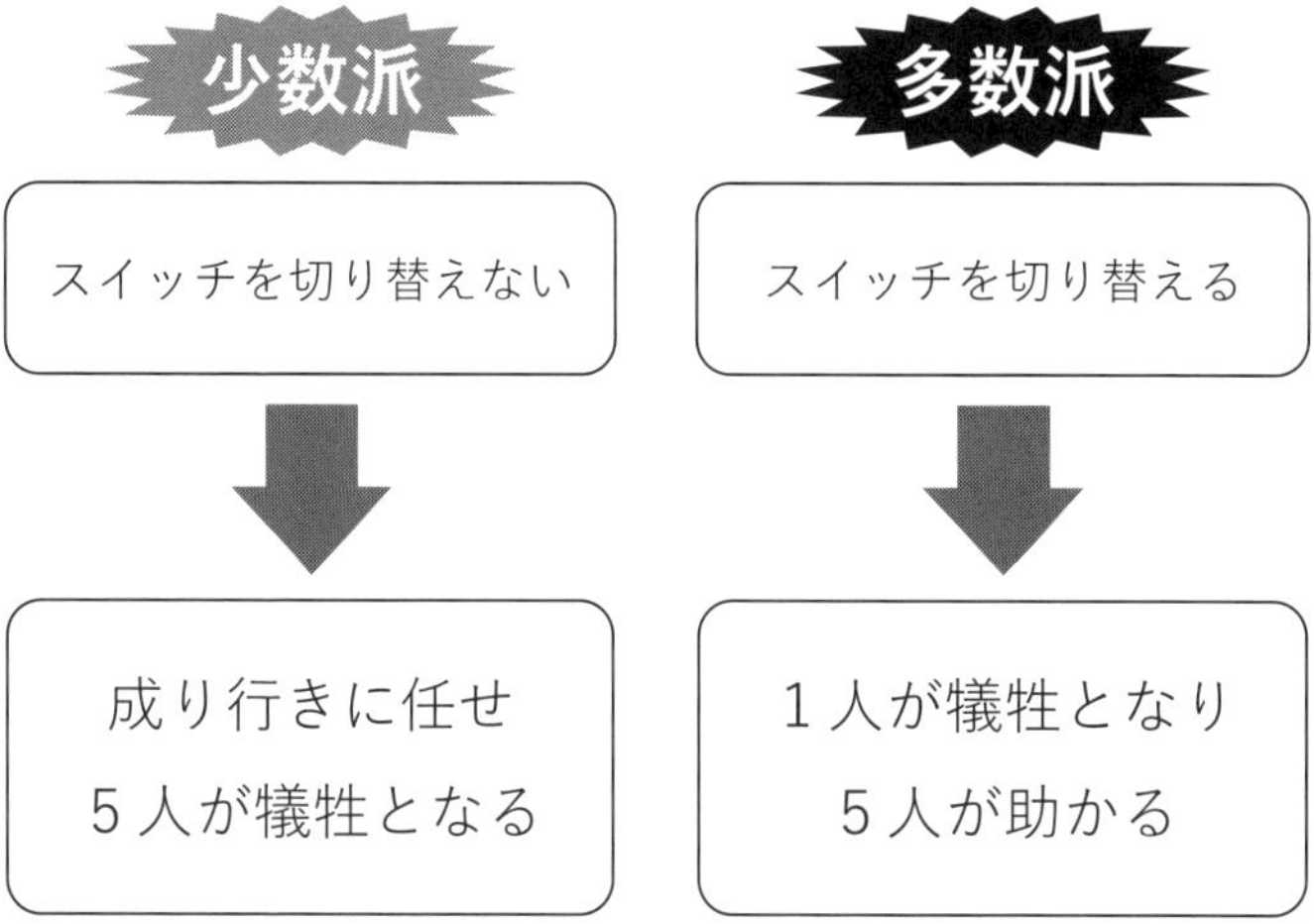
少数派
スイッチを切り替えない
成り行きに任せ
5人が犠牲となる
多数派
スイッチを切り替える
1人が犠牲となり
5人が助かる

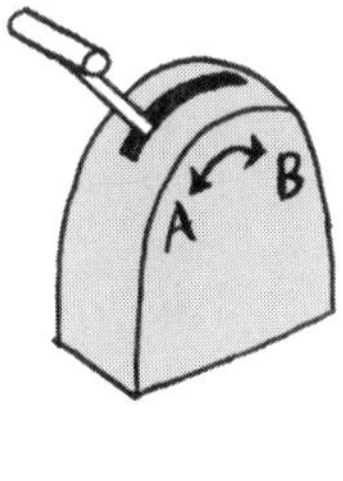
A
B

5人を救うと判断する人の思考
より多くの人を助けたい

1人の命より5人の命のほうが重い、と考えスイッチを切り替えようと判断するのです。

一方の少数派意見である「スイッチを切り替えずに5人を犠牲にする」と答える人の考えの一例はこうです。

もともとトロッコは5人の方向に向かって走っていたのだから、5人は犠牲になる運命にあった。

もう1人のほうは、進行方向とは関係のない位置にいたのだから、この人を巻き込むのは間違っている、と考えます。人の運命を自分が操作してしまうことに抵抗を感じるのです。

また違う意見では、スイッチを操作することで、自分は傍観者からこの事故に関係する人となります。そして、やむを得ないと皆が考える

5人を犠牲にすると判断する人の思考

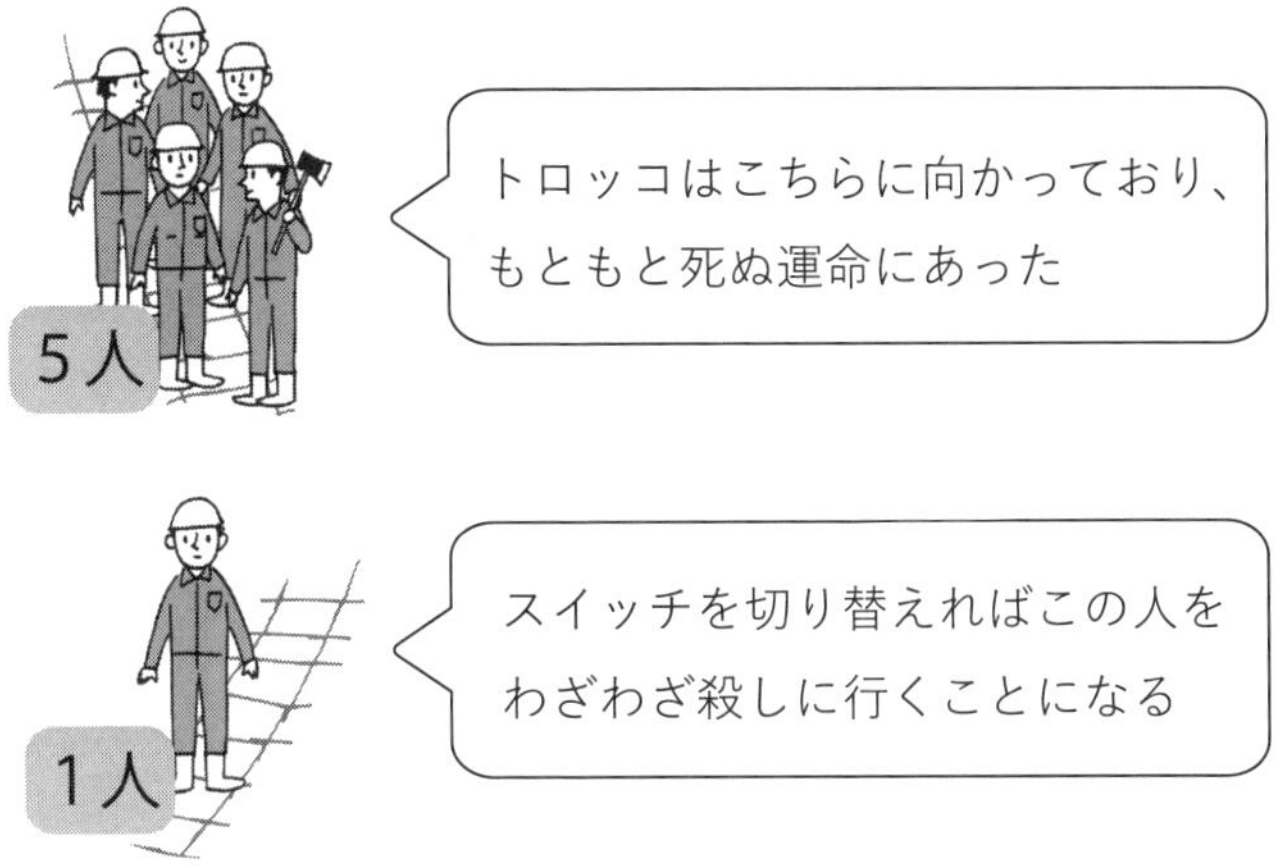
5人
トロッコはこちらに向かっており、もともと死ぬ運命にあった
1人
スイッチを切り替えればこの人をわざわざ殺しに行くことになる

状態であるとはいえ、関係のない1人の作業員を自分の手で殺すことになる、ということに強い拒否反応を示します。

どちらかが正解で、もう片方が間違っているという明確な答えはありません。

これについてあなたはどう考えますか、というのが暴走トロッコの思考実験です。あなたの意見はどちらでしたか?

先に申し上げたとおり、このトロッコ問題は条件によって多数派と少数派が入れ替わります。他のパターンも紹介しますので、思考実験を行ってみてください。

【思考実験No.02】

暴走トロッコと作業員と太った男

ある線路上の橋の上にいるあなたは、とんでもない光景を目の当たりにしていました。橋の下にある線路の上を、石をたくさん積んだトロッコが猛スピードで暴走してきたのです。暴走トロッコの先には5人の作業員がいます。誰ひとり、この悲惨な状況に気がついていません。このままでは5人は死んでしまいます。あなたはこの状況をどうにかする方法はないかとあたりを見回します。

すると、橋の上に、自分の他にもう1人、男性がいることに気がつきました。かなりの巨漢で、しかも見るからに重そうな大きなリュックを背負っているではありませんか。この男を突き落とすことができたなら、トロッコを止めることができます。しかしその場合、男は確実に死んでしまいます。

太った男は、作業員5人が行っている作業が気になっているらしく、大きく身を乗り出して

夢中になっています。どうやらこの男性も暴走トロッコには気がついていないようです。

今なら確実に太った男を線路上に落とすことができるとします。

あなたは太った男を下に突き落としますか？

それともそのままにしますか？


なお、あなた自身が飛び込んでもトロッコは止まらず、あなたを含めた犠牲が6人になるだけとわかっているとします。

実際には太った、しかも重そうなリュックを背負っている男を突き落としたからといってトロッコが止まるとは限らないでしょう。

しかも、特に小柄な女性であれば、こんなに大きな男を突き落とせるわけがないし、もみ合いになって自分が落とされるかもしれないと考えるかもしれません。

しかし今回の思考実験では、この太った男を突き落とせば確実にトロッコは止まるし、あなたが突き落とす行動をとれば、もみ合いになることなく確実に突き落とせると仮定します。

また、あなたが起こした行動によってあなたが罪に問われることはないとします。

考え方のヒント

さて、考えはまとまったでしょうか？

答えが出た方は次のことについても考えてみてください。

あなたの解答は1問目と比べて変化しましたか？　変わったとしたら、なぜその変化が起きたのでしょうか？


冒頭に、設定を変えると多数派が変化すると書きました。これはその思考実験です。

この設定で思考実験をすると、多数派意見が入れ替わります。先ほどのスイッチを切り替える問題とは逆に、75%〜90%程の人がそのまま静観し5人が犠牲になるほうを選択します。

特に女性や医療関係者などは、そうでない人に比べて太った男を突き落とす選択をする確率がやや下がるという統計結果もありますが、それほど大きな差は生まれないといいます。

つまり、どのような職種であれ、人の脳は太った男を突き落とすという選択を圧倒的に嫌うのです。


最初の思考実験と犠牲になる人数は変わっていませんし、同じく暴走トロッコと作業員の問

トロッコと太った男問題の多数派と少数派

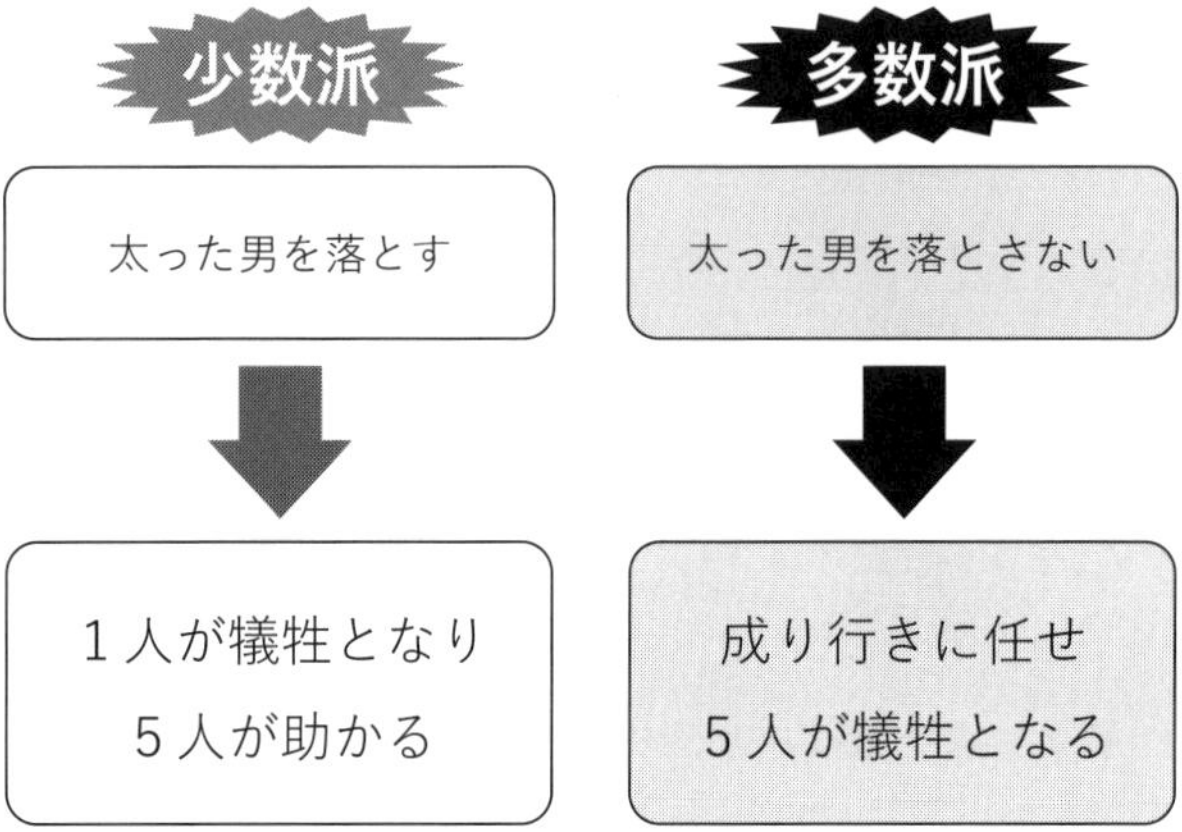
少数派
太った男を落とす
1人が犠牲となり
5人が助かる
多数派
太った男を落とさない
成り行きに任せ
5人が犠牲となる

題です。前回同様あなたが1人か5人かを選択することができる状況にあります。

それなのになぜ多数派意見が入れ替わったのでしょうか？　どうしてこのようなことが起こるのか、考えてみてください。

この設定では、1人の男性を突き落とすという行為があるため、前回の「暴走トロッコと作業員」よりも積極的に殺人に関わることになり、そこに強い抵抗が生まれます。

もしこれが、太った男が身を乗り出しすぎて誤って落下し、それによってトロッコが止まったのだとしたら、太った男が犠牲になるほうがいいと考える人が多数派になるでしょう。

あなたが突き落とすか、誤って落下するかの違いで、望む結果が変わるのです。

この差を作っているのは、意図的に行動を起こしたのか否かという問題です。誤って落下するのであれば太った男は偶然不幸に見舞われ、その結果偶然5人が助かったということになります。

一方で、あなたが太った男を突き落とすことを思いついたとき、あなたは太った男が線路上に落下し、トロッコにぶつかり命を落とし、それによって5人が助かるというシナリオを描いています。

太った男の死を目的として行為に及ぶということになります。いや、目的は5人の作業員を助けることだと思いたいですが、太った男が線路上に落ち、トロッコにぶつかってくれなければ困るわけです。

太った男を線路上に落とす目的は、この男性の死によってトロッコを止めることになります。その結果、5人の作業員は助かるのです。

さらに、人は肉体的に接触するような強いアクションを起こすことを嫌います。男性を自らの手で突き落とさなければならないという事実は耐え難いものがあるのです。

例えば、このように少し設定を変えてみましょう。

太った男を落とす際のシナリオ

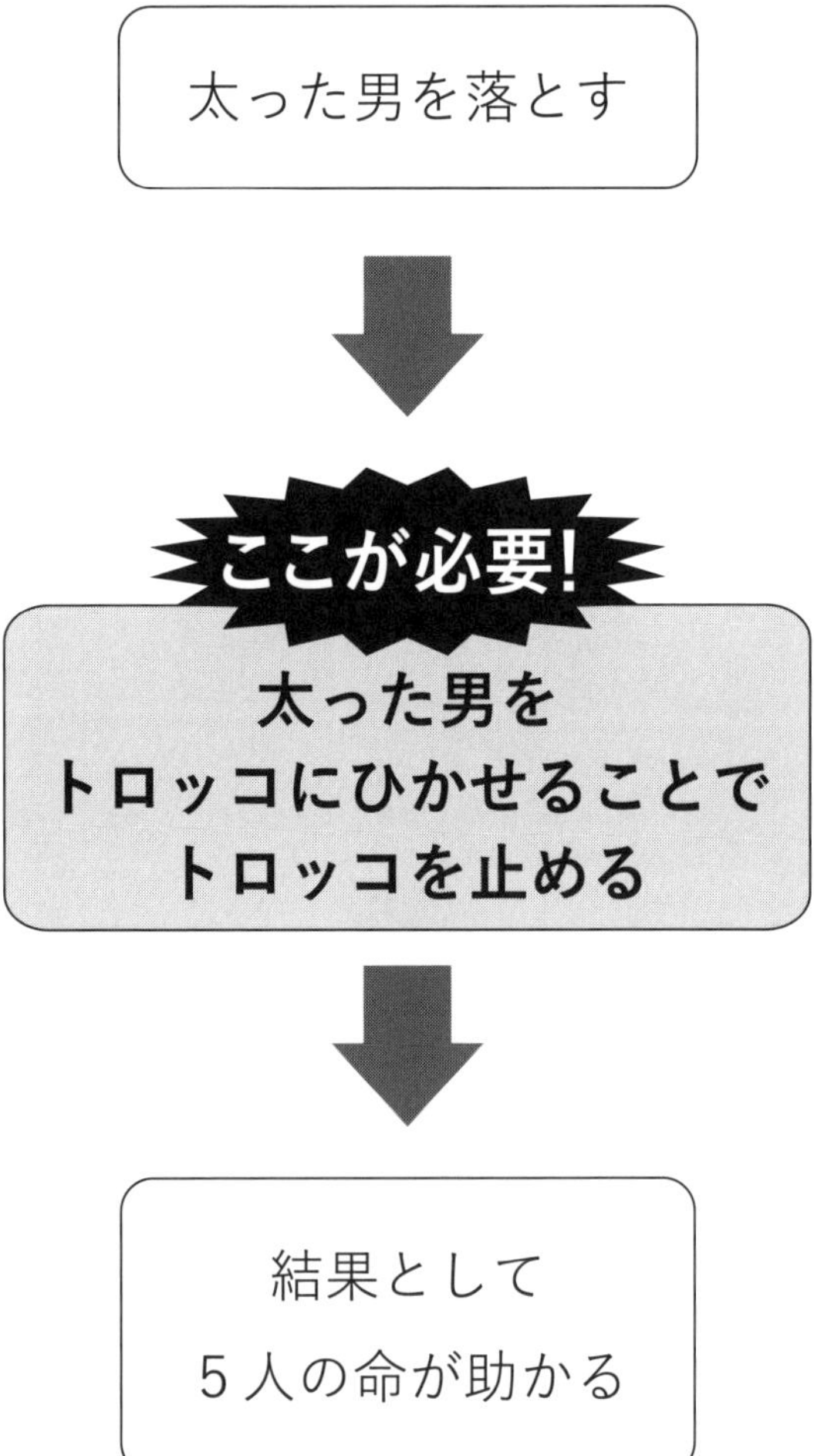
太った男を落とす
ここが必要!
太った男を
トロッコにひかせることで
トロッコを止める
結果として
5人の命が助かる

あなたは、リュックを背負った太った男が立っている橋から少し離れたところにいます。あなたの目の前に、何らかの工事に使うためであろうボタンがあり、このボタンを押すと橋が2つに分かれ、太った男は落下します。

これならば肉体的な接触はありません。どうでしょう？　最初の設定よりは太った男を橋の下に落としやすくなったのではと思います。

さらに設定を変化させます。あなたはこのボタンの存在を知らないまま歩いていて、たまたまそのボタンを踏んでしまったとしたら？

偶然踏んでしまっただけなので意図的に太った男を線路に落としたわけではなくなります。もう1パターン考えてみます。あなたは友人の存在に気づき、手招きをしました。友人はあなたのところに駆け寄ります。しかし途中、友人は偶然ボタンを踏んでしまい、太った男が線路に落下しました。

この設定ではあなたの関わり方は今までの設定よりかなり消極的になります。

いずれの設定でも、あなたが起こした行動により1人が犠牲となることで線路にいた作業員5人が助かるという結果に変わりはありません。それでもどう関わるかであなたの考えに変化があったのではないでしょうか。

もし、あなたが望む結果がより多くの人が助かることであったとしても、自分が関わるというケースになると、人はより主観的に物事を判断します。

5人を選択するか、1人を選択するかという問題だけではなく、あなたがどう思うかという主観性が、判断の重要な位置を占めるようになるのです。

次ページから、もう1つ、トロッコの問題をご紹介します。

【思考実験No.03】

暴走トロッコとループする線路

線路の切り替えスイッチのそばにいるあなたは、とんでもない光景を目の当たりにしていました。

石をたくさん積んだトロッコが猛スピードで暴走してきて、止めることはできません。明らかにブレーキが故障しているのがわかります。

線路の先には5人の作業員がいます。5人ともトロッコにはまったく気づいておらず、おそらく避けることはできないでしょう。このままでは5人は死んでしまいます。

幸い、あなたは線路の切り替えスイッチのそばにいます。このスイッチで線路の切り替えを行えば進行方向を変えることができます。

あなたはとっさに切り替えスイッチに手を伸ばしました。

あなたはスイッチを切り替えようとしますが運の悪いことに切り替えた先の線路にも1人の

太った作業員が作業をしています。あなたが切り替えを行えば、この太った作業員はトロッコをよけることなく、ぶつかって命を落とします。

線路は左の絵のようにループしており、一度2つに分かれた線路はすぐに再び合流します。車体を停めておくような場所なのでしょう。

今までの問題と同様に、あなたができることはスイッチを切り替えることだけで、腕を大きく振ったり、声を張り上げたりしても作業員に何らかのメッセージが届くことはありません。

あなたはスイッチを切り替えますか？

B
A
A
B

考え方のヒント

この問題は、一見最初の「暴走トロッコと作業員」に似ています。スイッチを切り替えるだけで1人または5人のどちらかが助かり、それを決める役割をあなたが担います。

解答も、パーセンテージは減るものの、最初の問題と同様に5人を助けることを選ぶ人が多数派であるようです。

では、どこが異なるのでしょうか？

最初の「暴走トロッコと作業員」の場合でも、この「暴走トロッコとループする線路」でも、切り替えスイッチを押せば確実に1人の作業員は死亡します。

最初の問題と異なるのは、今回の問題では線路はループしており、あなたがスイッチを切り替えたとき、太った作業員にトロッコがぶつかってもらわなければならないということです。

つまり、太った作業員をトロッコを止める手段としており、仮に、太った作業員が間一髪トロッコを避け助かってしまったとしたら、あなたの望む結果とは違う結果になってしまうのです。

今回の問題は、太った作業員の死を必要としている点で「暴走トロッコと作業員」よりも「暴走トロッコと作業員と太った男」と近いといえます。それにもかかわらず、多数派が入れ替わ

各トロッコ問題の違い

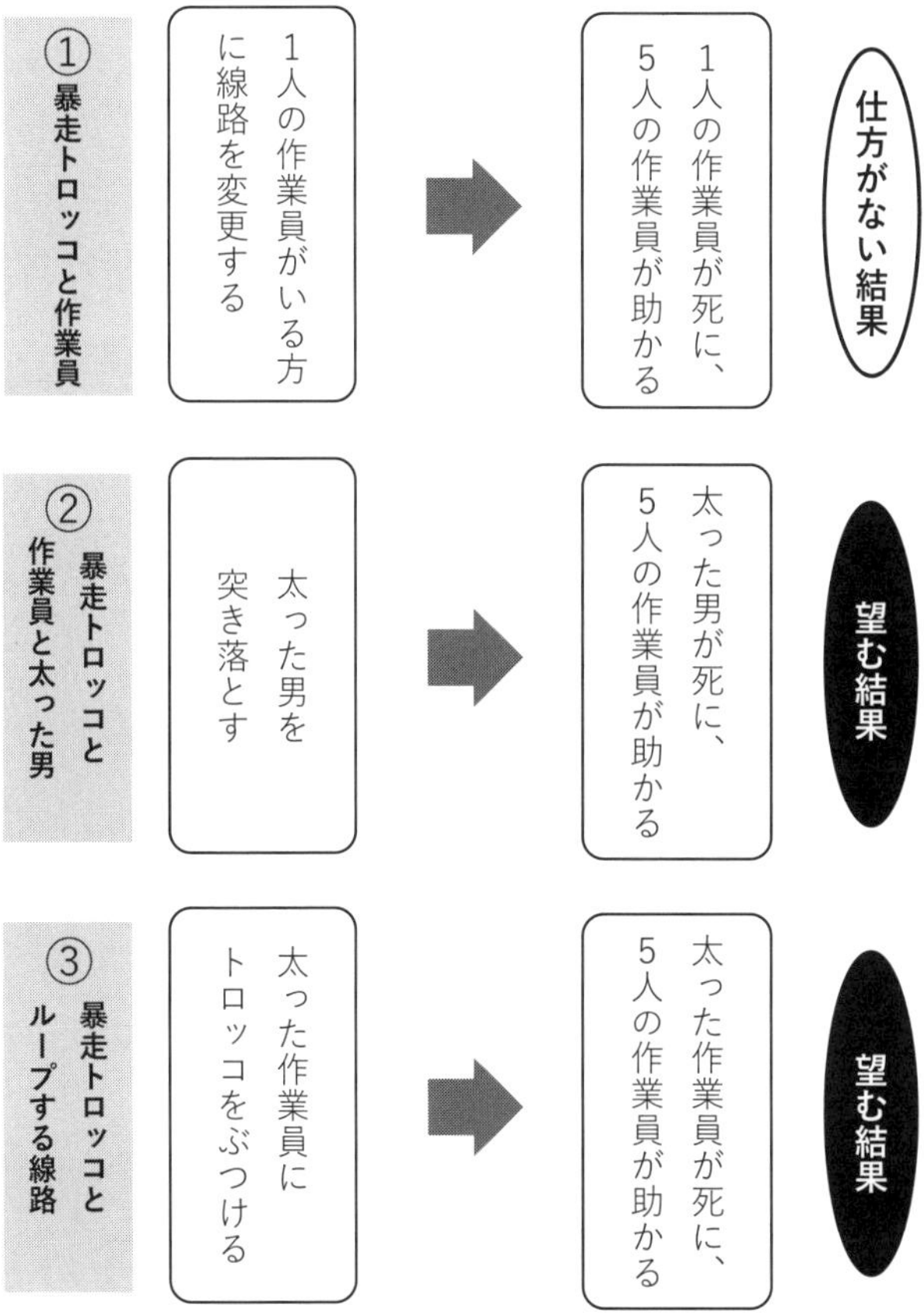
①暴走トロッコと作業員
1人の作業員がいる方に線路を変更する
1人の作業員が死に、5人の作業員が助かる
仕方がない結果
②暴走トロッコと作業員と太った男
太った男を突き落とす
太った男が死に、5人の作業員が助かる
望む結果
③暴走トロッコとループする線路
太った作業員にトロッコをぶつける
太った作業員が死に、5人の作業員が助かる
望む結果

「暴走トロッコとループする線路」の問題は、
「暴走トロッコと作業員と太った男」の問題に似ている

る原因の1つは、先ほどもお話ししたように、「暴走トロッコと作業員と太った男」は直接男の背中を押すということの抵抗感がよほど強いのかもしれません。

トロッコを使用した思考実験は有名であり、設定が変えやすいことから他にも多数の類似実験が行われています。いくつかご紹介します。

【思考実験例】

※すべての例において、何もしなかった場合、犠牲になるのは5人のほうです。

①「暴走トロッコとループする線路」の、太った男の後ろにトロッコが止まるくらいしっかりとしたついたてがあったらどうか。これなら太った男の死を意図しているわけではなくなるだろう。

②5人および太った作業員がそれぞれ作業している場所が回転盤になっており、回転盤を回すことで5人と1人のどちらにトロッコをぶつけるか選べるとしたら？

③ 5人が線路上にある乗り物に乗っている。その乗り物は暴走トロッコが当たれば破壊され、5人は死んでしまう。スイッチを押すことでその乗り物を急斜面の下に落とし、暴走トロッコから回避させることができるが、急斜面の下には何の関係もない1人がいるとしたらスイッチを押せるか。

このように、さまざまな設定で思考実験が試みられています。

想像しやすくわかりやすい設定でありながら、少し設定が変わるだけで考えに違いが生じ、いろいろな観点から問題を見つめ、自分なりの答えを探すことができるのがトロッコ問題に多くの人が興味を示す理由でしょう。

5人を助けるために1人を犠牲にする、という問題は、トロッコ問題以外にも派生しています。次ページではその中の1つをご紹介します。5人を助けるために1人を犠牲にするという状況は変わらないまま、場面がトロッコから病院に移ります。

【思考実験No.04】

臓器くじ

あなたはとある病院の医師です。

この病院には臓器提供を待つ5人の患者がいます。それぞれ別の臓器を必要としており、臓器提供がなければまもなく死んでしまうでしょう。

そこに、健康そうな男性が1人健康診断に訪れました。

医師であるあなたは、誰にも気づかれることなくこの男性を安楽死させ、その臓器を5人に提供することができます。男性に事前に告知するといった、恐怖を与えるようなことも一切しません。

もし、5人の命を助けるために、健康そうな1人を犠牲にして、臓器提供を待つ5人を助ける選択をしたとしたら、許されるでしょうか？

考え方のヒント

おそらくほとんどの方が許されないと回答するでしょう。

健康診断に行っただけで生命を絶たれるなど決してあってはならないことと考えるはずです。

ですが、実はこの状況は、１人を犠牲にして５人を助ける、という点では、「トロッコ問題と作業員」の状況とあまり変わらないと見ることもできます。

それなのに、なぜ思考は変化するのでしょうか？

次のページの問題も考えてみてください。

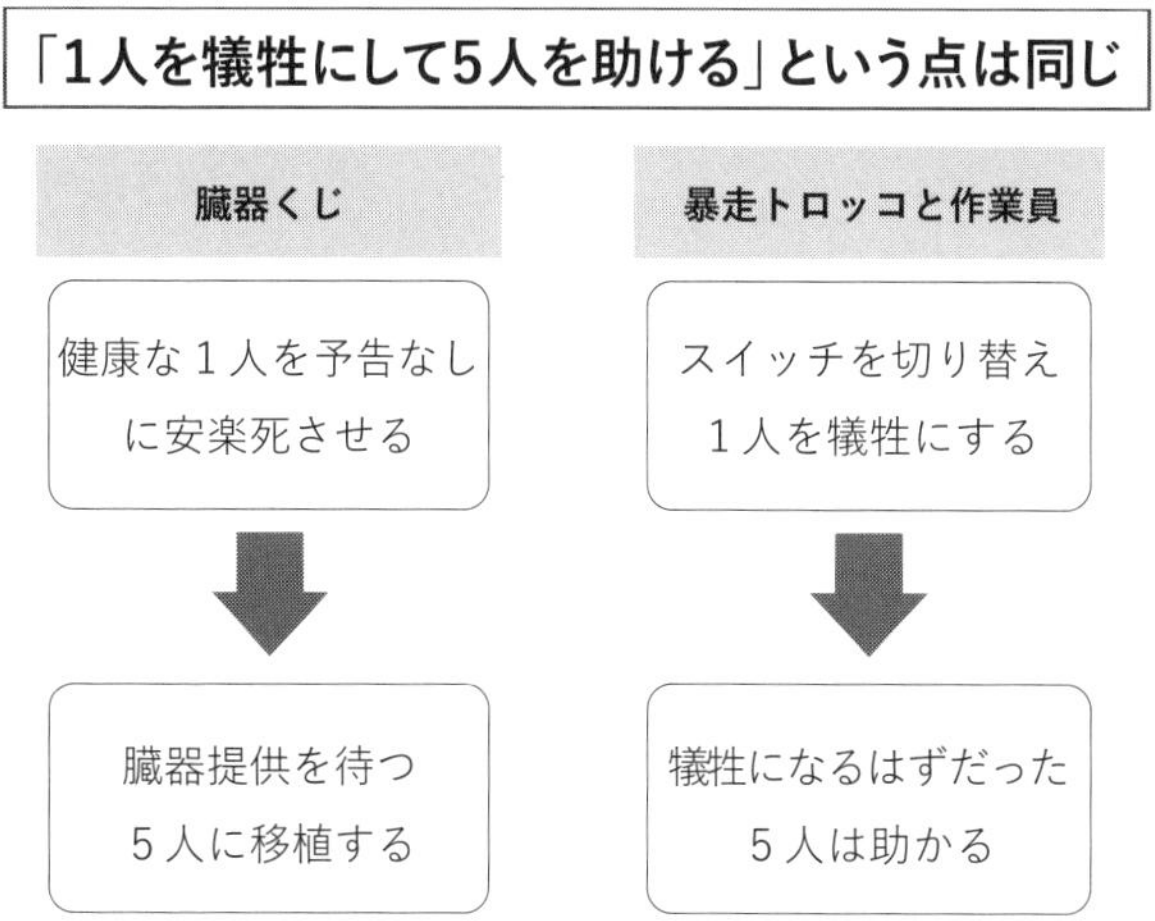
「1人を犠牲にして5人を助ける」という点は同じ
臓器くじ
健康な１人を予告なしに安楽死させる
臓器提供を待つ５人に移植する
暴走トロッコと作業員
スイッチを切り替え１人を犠牲にする
犠牲になるはずだった５人は助かる

トロッコ問題と同様１人を犠牲に５人を助けているが…
この反発する心理は何だろう？

【思考実験No.05】

完全平等な臓器くじ

臓器提供者をくじ引きで決めることにします。くじ引きで当たった人の臓器を、その臓器を必要としている患者に移植し、命を救うのです。くじで当たった1人の臓器が5人の患者に提供されます。

くじ引きは完全に平等に行われます。くじで当たる人は大統領かもしれないし、サラリーマンかもしれないし、医師かもしれないし、今にも自殺しようとしている人かもしれないし、犯罪者かもしれない。すべては平等です。

これこそが、功利主義の考え方、「最大多数の最大幸福」です。

この臓器くじを世界の基準にすることで多くの人が助かるでしょう。

この考えは許されるでしょうか？

考え方のヒント

この場合でも、こんなことは許されないと感じる方が圧倒的であるはずです。

功利主義を唱えたイギリスの哲学者、ジェレミ・ベンサムは、正しい行為や政策とは、「最大多数の最大幸福」をもたらすものであるとしました。

また、ベンサムは幸福度を物理学や数学のように計算によって導き出そうとしました。物事が正しいかを判断する際に、それがどれほどの快楽を与えてくれるのか、苦痛はどれほどか、その影響はどのくらいの範囲に及ぶのか、どの程度の期間持続するのか等、幸福を計る尺度を決め、それを数値化して計算す

これも、「1人を犠牲にして5人を助ける」という点は同じ

くじで決まった１人を安楽死させる

臓器提供を待つ５人に移植する

くじ引きは公平な選び方だがこれは正しいのか？

最大多数の最大幸福

功利主義＝より多くの人により多くの幸福
（最大多数の最大幸福）を
与える結果を善とする考え方

その快楽の度合いは？

それに伴う苦痛は？

その快楽は
どのくらい持続する？

その快楽は
どのくらい広範囲に
効果をもたらす？

様々な要素を元に
計算式で幸福度を算出する

↓

物事を行うとき、
常にこの判断基準で
正しいかを判断する

この考え方だと、
「暴走トロッコと作業員と太った男」では
太った男を突き落とすのが正しい
ということになる

るという方法です。

この計算からは、1人と5人を比較するわけですから、先ほどのトロッコ問題で太った男を突き落とすことは正しいと判断されるでしょう。


臓器くじという設定は、イギリスの倫理学者のジョン・ハリスが提示したものです。

「何かを選ぶとき、くじ引きは公平な選び方ですか？」と聞くと、多くの人は公平と答えるでしょう。

その公平さから何かを決める際には、それが景品の当選者を選ぶような当たりたいものであれ、地域や学級の人気のない役割のような外れたいものであれ、くじ引きを様々な場面で採用してきました。


くじ引きの公平さを疑う必要はなさそうです。

それならば臓器くじは極めて公平により多くの人を幸福にする方法として一定の理解は得られるはずだとも考えられます。

しかし、大多数の人はこの制度には反発します。

確かにより多くの人の命が助かるのかも知れませんが、この制度が施行されれば、人々は臓器くじに自分や大切な人が当たってしまうかもしれないという恐怖を日々感じなければいけないことになります。これが幸福と言えるのでしょうか。

　功利主義的に考えても、臓器くじが与える恐怖を計算に入れればこれを正しいと判断するのは難しいでしょう。


　また、臓器提供を待つ患者の死は誰かが望んだものでもなく、その人たちを救えなかったとしても不幸なことではありますが、誰かのせいではないでしょう。

　今も臓器提供を待ちながら命を落とす方が多数いますが、医療ミスは論外として、救えなかった医師が悪いのだとか、皆がドナーにならないから悪いのだという声は聞こえ

助かる人は増えるが、人々の恐怖も増大する

臓器提供をうけて命が助かった
いきなり命を奪われるなんて怖い

ある日突然命が奪われるかもしれない恐怖を重く考えるべき

できません。これは、誰かが意図して彼らを殺しているのではないからです。

しかし、臓器くじに当たった人を犠牲にするのであれば、それはその人を新鮮な臓器とみなし、利用するために殺すことで他の5人を助けることになります。犠牲になる人から見れば5人のせいで意図的に殺されることになります。

臓器提供を待つ人の死を待つか、他の1人を殺しに行くか、どちらか1つしか選べないなら、前者を選択するほうが倫理的であると考える人が多いのではないでしょうか。

【思考実験No.06】

6人の患者と薬

1人の重症患者と、5人の中程度の症状がある患者がいます。

ここに、その病の特効薬があるのですが、あいにく1つしか用意されていません。

5人の中程度の症状がある患者は、今用意されている1つの薬を5人で分けることで5人全員が完治します。

1人の重症患者は1人で薬をすべて使用し、完治します。

5人の中程度の患者は今日明日の命というわけではありませんが、1人の重症者は一刻も早い治療が必要です。

あなたは、1人の重症患者と5人の中程度の症状がある患者のどちらを助けますか？

考え方のヒント

この問題を出すと、多くの人はこう考えるのではないでしょうか。

「5人の患者はまだ中程度で重症化していない。それならば今ある薬で1人を助ければ、5人を救うためにまた薬を手に入れるまでの時間はある。

この薬で5人を助ければみすみす1人の命を失わせてしまうのではないか。本当は全員助かるのではないか。

薬の入手方法などを吟味したうえでではあるが、この薬は重症患者に与えるべきだ」

おそらくその場にいる病院スタッフや、そ

重症化していない5人と重症な1人がいたら…

重症の1人を救うことで将来的に全員を救おうとするのが多数派

れぞれの家族を説得することを考えるとこの説明、この選択肢が選ばれるでしょう。

今まさに失われるかもしれない命を助けなければならないという心情が、その場にいる全員に働くのが一般的です。

ただ実際はその薬が十分に再入手可能なのか、その見通しは立っているのか、それまで残りの5人の患者が生きていられるのか、それが本当に正しいのかなど、難しい判断がいくつもあるでしょう。


では、次は少し設定を変えてみます。

【思考実験No.07】

効かない薬

とある病院に6人の患者がいます。

彼らは同じ会社に勤めており、1人はプロジェクトリーダーで、残りの5人はそのプロジェクトのメンバーたちです。

仕事で海外に来ていたところ、その地特有の重い病気にかかってしまいました。6人は同程度の重症度で、薬を投与しないと近いうちに亡くなってしまいます。

そこに、プロジェクトリーダーが病気になったらしいという情報を知った会社から薬が届きました。病気になったのは1人かもしれないが、余分に送っておこうと考えた会社から5人分の薬が届きました。

プロジェクトリーダー宛に届いた薬だったので、早速医師はプロジェクトリーダーに薬を投与しようとしましたが、事前の検査で、この薬が効きにくい体質であることがわかりました。

この1人が助かるには、5人分の薬すべてを必要とします。

他の5人は効きにくい体質ではなく、通常通りの効果が期待できます。5人分の薬があればこの5人は命を取り留めます。

しかし、会社から追加で更に5人分の薬を送ってもらうには時間的に余裕がありません。

薬で救うことができるのは5人の命か1人の命、どちらかです。

薬が効きにくい1人と、残りの5人、どちらの命を助けますか？

考え方のヒント

この問題では、多くの人は、1人より5人を助ける選択をするようです。薬が効きにくい1人が死んでしまうのはやむを得ないと考えます。

形が変わったとはいえ、この問題は1人と5人を比較する問題で、比較的数の問題として処理しやすい思考実験です。

トロッコの問題の「暴走トロッコと作業員」と似ていますが、異なる点があります。

それはトロッコの問題は1人と5人どちらを犠牲にするかを選択するのに対し、この薬の問題は1人と5人のどちらを助けるかを選択する点です。

薬が効きにくい1人と残りの5人、どちらかしか救えない
効きにくい

同じ程度の症状なら、助かる人数が多い方が選ばれやすい

●積極的義務と消極的義務

ここで、1人と5人のどちらを犠牲にするのかと、1人と5人のどちらを助けるかという2つの問題の違いについて考えていきましょう。

トロッコ問題を提示したフィリッパ・フットは、消極的義務と積極的義務について論じています。消極的義務とは他人に危害を与えない義務で、積極的義務は他人を助ける義務です。

つまり、トロッコの問題は消極的義務に関する問題で、「6人の患者と薬」及び「効かない薬」は積極的義務に関する問題と言えます。

例えば、ある子供が膝をすりむいて泣いていたとして、あなたがその子供に手を差し伸べることなくその場を通過しても誰もあなたを責めないでしょう。

しかし、あなたがコンクリートの破片をもってその子の膝に擦り傷を付けたとしたら事件になりますし、非難を受けます。

当然、まさかそんなことをするはずがないと考えるでしょう。このことからわかるように、他人に危害を与えない義務である消極的義務のほうがより強い義務となります。

2つの義務を理解しても、消極的義務に関する問題である「暴走トロッコと作業員」でも、積極的義務に関する問題である「効かない薬」でも、結果は同じく1人を犠牲にして5人を助けるほうが多数派です。

多くの人は消極的義務でも積極的義務でも同じ結果を出しました。

では、どのような問題を考えるときに積極的義務と消極的義務の差が問題になるのでしょうか。

積極的義務と消極的義務の違いを体感できる思考実験がありますので、次ページでそちらをご紹介します。この問題もフィリッパ・フットが提示した問題で、この問題を解くカギは積極的義務と消極的義務にあります。

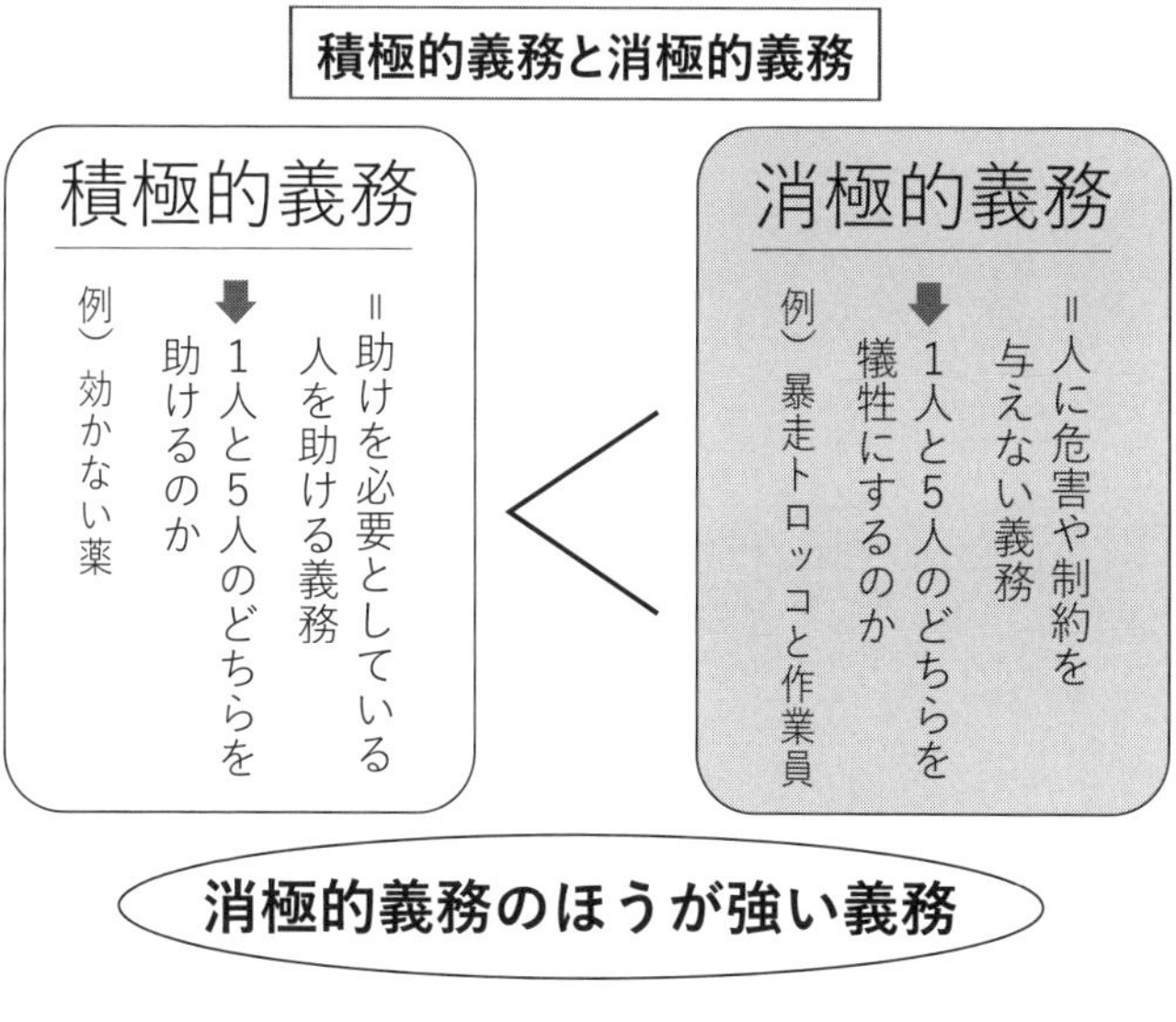

積極的義務と消極的義務
消極的義務
＝人に危害や制約を与えない義務
1人と5人のどちらを犠牲にするのか
例）暴走トロッコと作業員
積極的義務
＝助けを必要としている人を助ける義務
1人と5人のどちらを助けるのか
例）効かない薬
消極的義務のほうが強い義務

【思考実験No.08】

村のおたずねもの

ある村で大事件が起きています。大罪を犯したという犯人を探して村人が暴徒化し、各々武器になりそうなものをもって気を高ぶらせているのです。

犯人とされている人はよそ者で、よそ者であるがため村人はなんとしてでも彼の息の根を止めてやろうと血眼になってその犯人を探しているのです。

村人たちも普段は他人を尊重する普通の人々です。

あなたはその犯人とされる男をかくまっています。彼は、本当は罪を犯しておらず、あなたはそれを知っています。

暴徒化した村人は荒ぶる気持ちを抑えきれず、あちこちの家に押しかけては犯人探しを強行し、収まる気配がありません。

唯一村人たちを抑える方法は、あなたが無実のよそ者を彼らに差し出すことで、そうすれば差し出された無実のよそ者が殺されることで事態は収束します。

しかし、このまま何もせずに成り行きに任せると暴徒化した村人が暴れ、混乱の中で暴徒化した村人のうち5人が犠牲になることがわかっているとします。

無実のよそ者を差し出すか、暴徒化した村人のうち5人が死んでしまうのを黙ってみているか、どちらを選びますか?

考え方のヒント

実際には暴徒化した5人が犠牲になってしまうと事前にわかるはずもありませんが、このような通常あり得ない設定で話を進めることができるのも思考実験ならではです。

事前に5人が犠牲になるとわかるわけがないから、犠牲が出るかどうかはただの予想であって……と考えてはいけません。

この問題で設定として決まっていることは疑わずに思考を進めていきましょう。

単純に数で比較するなら1人が犠牲になるほうを選ぶでしょう。

しかし、この問題では多くの人は暴徒化した村人5人が巻き添えになるほうを選びます。無実のよそ者よりも、勘違いして暴れた村人に非があると考えるのが一般的でしょう。それに何の罪もない人を殺されるとわかっていながら差し出す行為には強い罪悪感があるはずです。

無実の犯人を暴徒化した村人に差し出すのは、他人に危害を与えないとする「消極的義務」に反する行動です。

暴徒化した村人のうち5人が巻き添えになるのを見ているのは、他人を助ける行動をとるとする「積極的義務」に反します。

積極的義務よりも消極的義務のほうが強い義務ですから、1人を守ることを選択するほうが多数派となるのです。

フィリッパ・フットもこの問題では暴徒化した村人に罪のない人を差し出すべきではないとしています。

●2つの義務がぶつかり合うとき

「暴走トロッコと作業員」は1人を犠牲にしてはいけないとする消極的義務と、5人を犠牲にしてはいけないという消極的義務が衝突します。

同じ条件で同じ義務がぶつかる為、あとは犠牲を少なくするために被害の量を比べ、より被害が少ない選択をしようと考え、多くの人は1人を犠牲にして5人を助けるほうを選びます。

「効かない薬」では、1人を助けなければならないという積極的義務と、5人を助けなければならないという積極的義務が衝突します。その結果、同じ義務がぶつかるために、「暴走トロッコと作業員」と同様、犠牲をより少なくする選択をしやすくなります。

一方で「村のおたずねもの」では、1人を犠牲にしてはいけないという消極的義務と、5人を助けなければならないという積極的義務が衝突するため、前者2つほど簡単に考えることはできなくなります。

同じように、「暴走トロッコと作業員と太った男」も2つの義務が衝突しています。リュックを背負った太った男を橋の下に落としてはいけないという消極的義務と、5人の命を助けるという積極的義務がぶつかっています。消極的義務のほうが強い義務なので、多くの人がリュックを背負った太った男を突き落とす行為に抵抗を示すのです。

それだけ消極的義務は私たちの心理に深く根付いているといえるでしょう。

村のおたずねものにおいての消極的義務と積極的義務

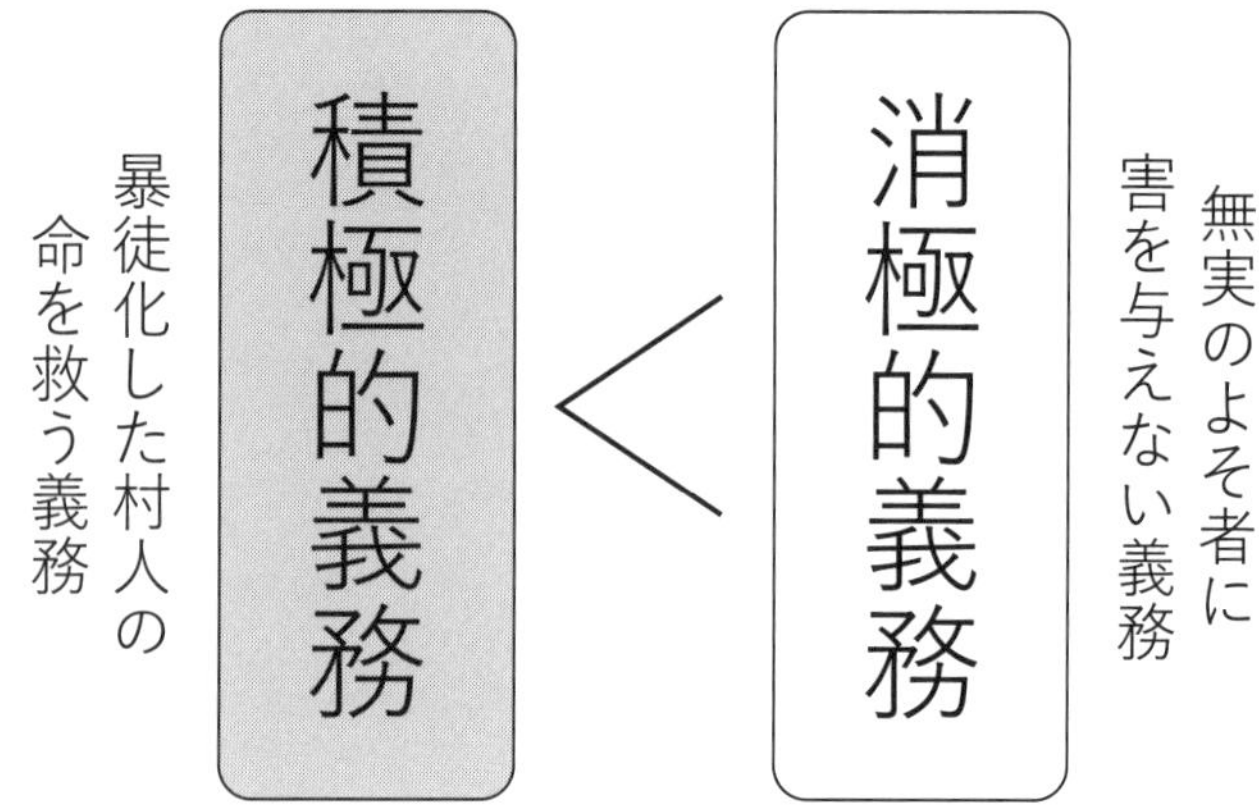

第2章

矛盾が絡みつくパラドックス

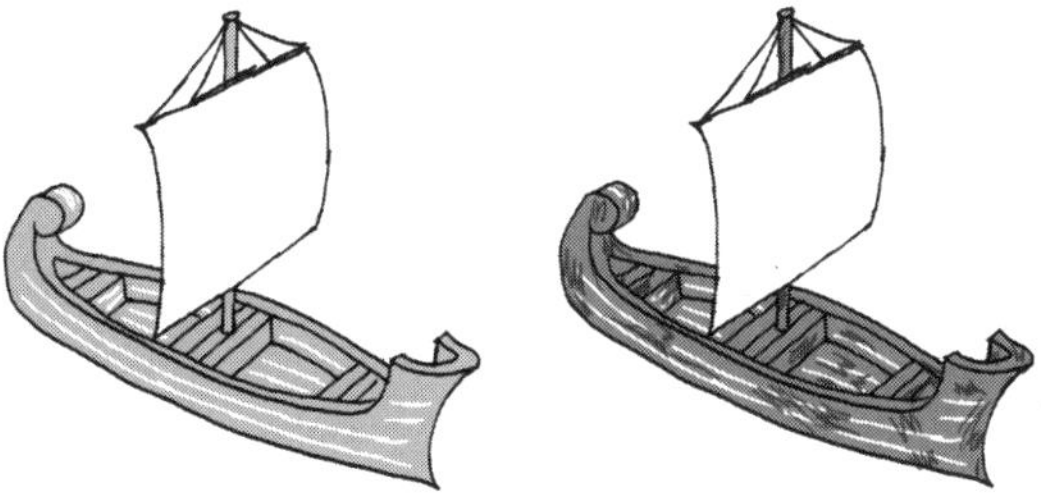

▶テセウスの船 ・・・・・・・・・・・・・・・・・・64ページ
▶アキレスと亀 ・・・・・・・・・・・・・・・・・・77ページ
▶5億年ボタン ・・・・・・・・・・・・・・・・・・82ページ
▶タイムマシン物語 ・・・・・・・・・・・・・・・・91ページ
▶タイムマシン物語・2 ・・・・・・・・・・・・・・95ページ
▶タイムマシン物語・3 ・・・・・・・・・・・・・・99ページ

不思議な逆説で思考力を鍛える

この章ではパラドックスやジレンマといったどうしようもない矛盾を考えていきます。

パラドックス（逆説）とは、正しいと思われる推論を重ねて得られた結論が信じがたいものであるような、矛盾をもたらす命題のことです。

またジレンマとは、2つとも取りたいのに一方を取るともう一方が不都合になるといった何ともしがたい状況です。食べたかったケーキをもらったけれどダイエット中だとか、仕事をしないと家計が成り立たないが、育児をおろそかにはできないとか、日常の中にもたくさんのジレンマが存在します。

わかりにくいかもしれませんので実際の例を見てみましょう。

100個もの積み木が山のようになっています。ここから積み木を1つ取り除いたとします。もちろんここには積み木の山があります。さてもう1つ取り除きました。積み木の山はほんの少し小さくなってもやはり積み木の山です。

つまり、積み木の山から1つの積み木を取り除いても、そこには積み木の山が残るということがわかります。

さて、どんどん取り除いていき、ついに最後の1つになりました。さてこれは積み木の山と言えますか?


他の例も見てみましょう。

ここにすべての能力を持った全能者がいます。彼に聞きました。

「何でもできるのなら、自分でも倒せないような強い魔物を作ってみてくれ」

さて、困ったことになりました。自分で倒せないような強い魔物も全能者の自分なら作れないといけない。しかし、倒せない敵がいては全能者とは言えない。全能者はこの魔物を作れるのでしょうか?


考えれば考えるほど頭が疲れてしまいそうですが、なんとなく面白そうだとも思えたのではないかと思います。パラドックスやジレンマの思考実験は、脳に好奇心を持たせ、悩ませる深い思考で刺激してくれます。

【思考実験No.09】

テセウスの船

アテネの若者と共に帰還したテセウスの船は、アテネの人々によって大切に保管されました。テセウスの船は、腐った部分があれば新しい木材と取り替えられながら、長い年月にわたり大切に保存されました。テセウスの船を作った職人の技術は受け継がれ、当時の手法で、当時の設計図の元、慎重に修理されてきました。

気がつけば当時の木材はすっかり取り替えられてしまい、現在のテセウスの船のどこにも残っていません。

ある人は言いました。

「これはもはやテセウスの船とは言えない。テセウスの船に使われた木材はどこにも残っていないからだ。当時の船をテセウスの船と呼ぶのなら、その時の木材はどこにも残っていないのだから、これは別の船だ」

別の人は言いました。

「復元されたテセウスの船が本物」という考え方

同じ木材を使用＝同じテセウスの船

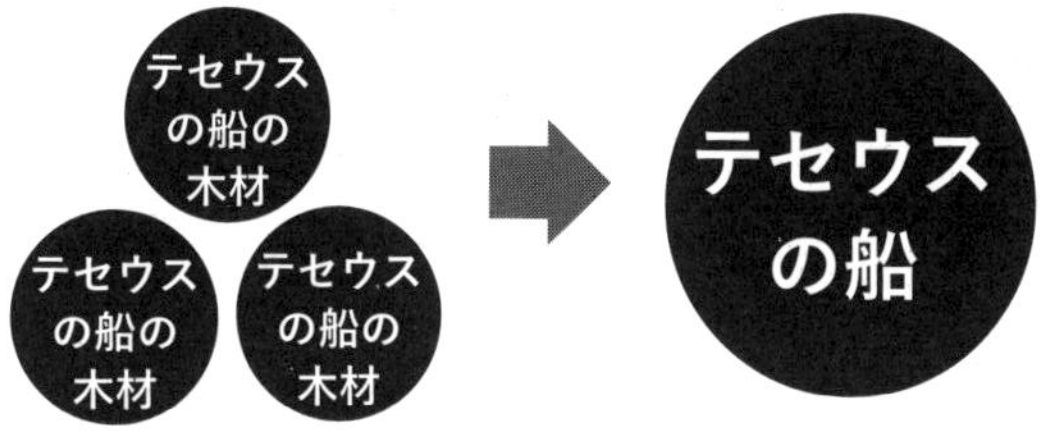

アテネに現れた伝説のテセウスの船を
形作っていた木材そのものが
この船には使われている！

「いや、これはテセウスの船だ。なぜなら、テセウスの船が、テセウスの船として保管され、その目的で修理が繰り返されてきたのだ。修理されたテセウスの船を見た人は『これはテセウスの船だ』と言うだろう」

職人たちはすべての木材を取り替えたのだから、取り替えられた朽ちた木材を使ってもう1つの船ができるのではないかと考え、取り替えられた木材を組み立てなおし、もう1つのテセウスの船を作り上げました。

ボロボロの船ですが、使われている木材はまさしくあの伝説の船テセウスのものです。

2つの船を見た有識者たちは、どちらが本物のテセウスの船なのかを議論し始めました。

ある人は言いました。

「修理されたテセウスの船が本物」という考え方

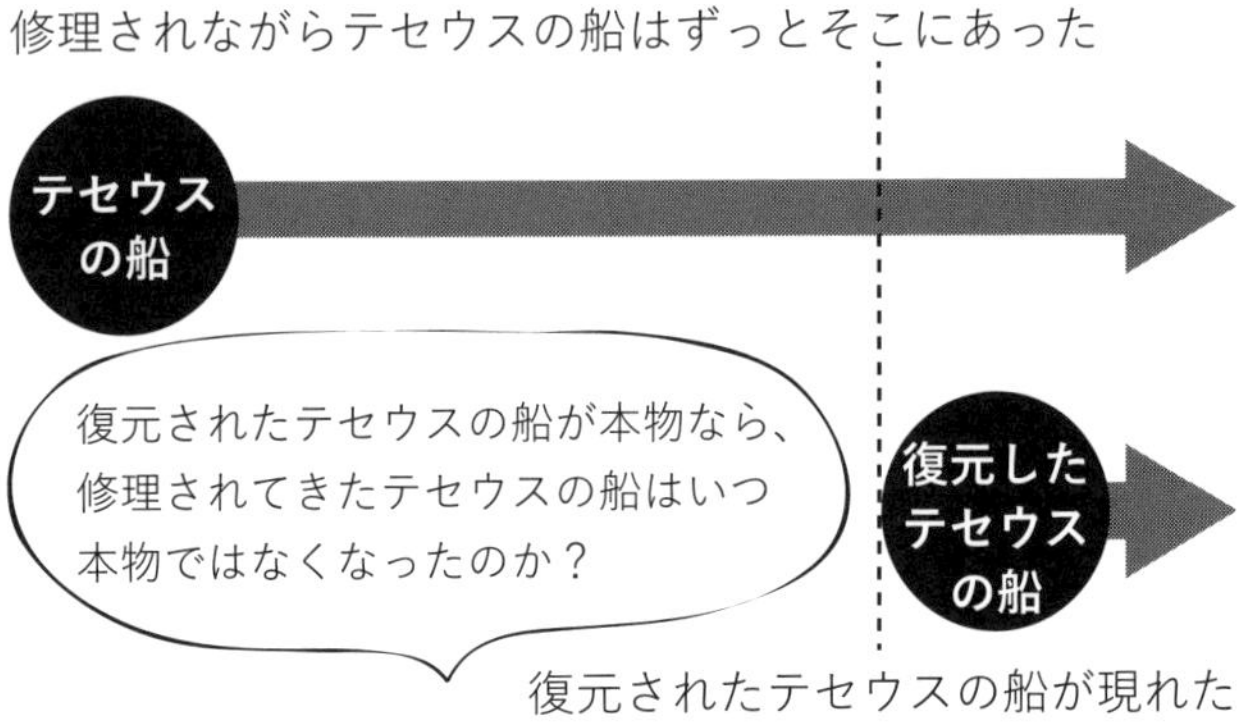
修理されながらテセウスの船はずっとそこにあった
テセウスの船
復元されたテセウスの船が本物なら、修理されてきたテセウスの船はいつ本物ではなくなったのか？
復元したテセウスの船
復元されたテセウスの船が現れた

「これはまさしくテセウスの船だ。朽ちているとはいえ伝説の船テセウスに使われていた木材でできているのだから、当然これこそがテセウスの船だ。修理されたほうのテセウスの船はレプリカなのだ」

別の人は言いました。

「いや、これはテセウスの船とは呼べない。なぜなら、修理されてきた本物のテセウスの船があるのだ。ずっとここにあり、修理が続けられてきたテセウスの船の隣で、突然今日、テセウスの船がもう1つ現れました、では困る。もし、これが本物のテセウスの船と言うのなら、去年、一昨年とここにあったテセウスの船は偽物なのか？　どの時点で修理されてきたテセウスの船が本物でなくなったのか？」

本物のテセウスの船はどちらでしょうか？

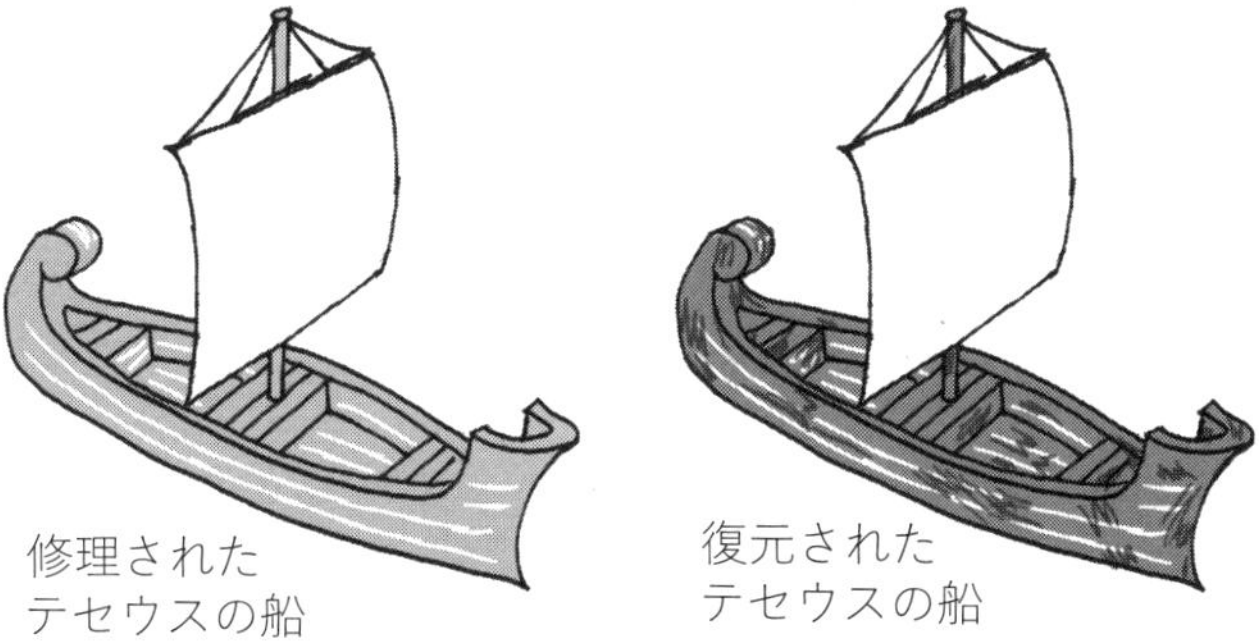
修理された
テセウスの船
復元された
テセウスの船

考え方のヒント

この話の元になっているのは、ローマ帝国のギリシア人倫理学者であり作家のプルタルコス（英語名プルターク）による伝説として今に伝わる有名な話です。

この思考実験で問題となってくるのは、何を基準に伝説のテセウスの船と同じものであるとするのか、ということです。

すべての部品や木材が新しいものに取り替えられても同じものと呼べるのでしょうか。

そもそも同じとは何を基準に考えればいいのでしょうか。

例えば、あなたが手に持っているこの本と

伝説の船テセウス　「同じ」の基準は何か？

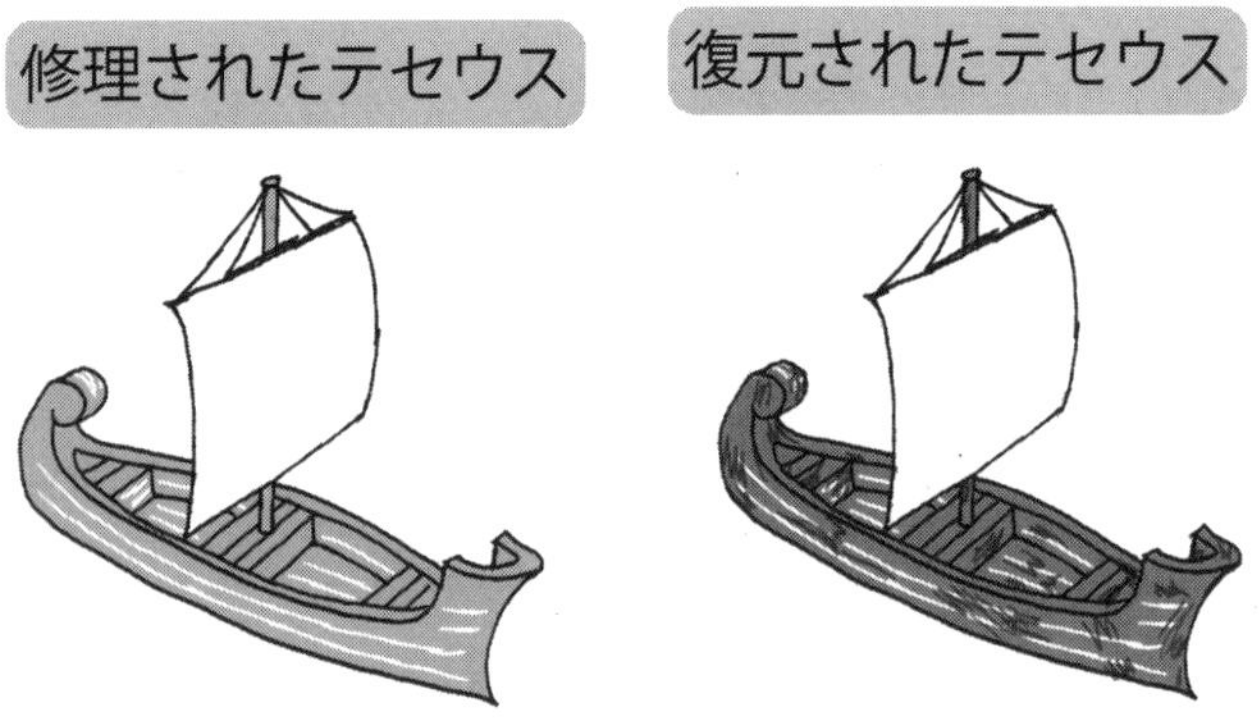

どちらが「同じ」なのか？

同じ本はどこかにありますか？　と誰かに聞かれたとしたら、あなたは、アマゾンなどのネットショップや本屋で売っているのではないかと伝えるでしょう。

しかし、本当にあなたが手にしている本と同じ本であるといえるでしょうか。

この場合はネットショップや本屋で同じタイトルの本を手に入れることができれば、同じ本が手に入ったと考えて問題はなさそうです。テセウスの船で言うと、復元されたテセウスの船のように、あなたの持つ本そのものの紙が使われている必要はないでしょう。

あなたがある本を本屋に持って行き、「この本と同じ本をください」と聞いたとして、本屋の店員が「その本と同じ本はあなたが持っているその本以外にはありません」と答えたら、この店員は何を言っているのだろうと疑問に思うでしょう。

次に、あなたの持っている本が有名タレントの本で、そのタレントがあなたに向けて書いたサインが入っているとしましょう。

本屋に行ってそのサインを見せつつ「この本と同じ本をください」と言ったとしたら、先ほどの「その本と同じ本はあなたが持っているその本以外にはありません」という言葉が正しいものに感じられます。少なくとも書店に置いてある本とあなたが持っている本は別のものであると多くの人が判断するでしょう。

時と場合により〝同じ〟という言葉の持つ性質は変化するのです。

「同じ本」の条件は基準によって変わる

●目的から見る「同じ」

タイトルが同じであれば同じ本

●状態からみる「同じ」

新品の本同士であれば同じ本
サイン入りの本とサインがない本は違う

●形状から見る「同じ」

見比べて差がなければ同じ本

●所有からみる「同じ」

私が所有する本と他人が所有する本は違う

●時間の経過から見る「同じ」

この本は１０年前からここにあるから、確かに１０年前と同じ本である

●質からみる「同じ」

同じ本はこの本１冊以外にない

では、テセウスの船の場合、何をもって同じと言えばいいのでしょうか。船に話を絞って〝同じ〟を考えてみます。

毎日午前10時に、A地点からB地点に向かって出航する船があります。

あなたは6月15日にその船に乗ってB地点に移動し、近くのホテルに泊まりました。翌日、あなたの家族が同じ船でB地点に到着し、あなたと合流しました。

このときの〝同じ〟とは、毎日午前10時にA地点からB地点に移動するという性質を表しているのであって、今日の船と昨日の船が別の船であってもまったく問題はないでしょう。私たちはそれでも同じ船と呼ぶはずです。

「同じ」の基準は何か？

毎日午前 10 時に A 地点から B 地点に向う船

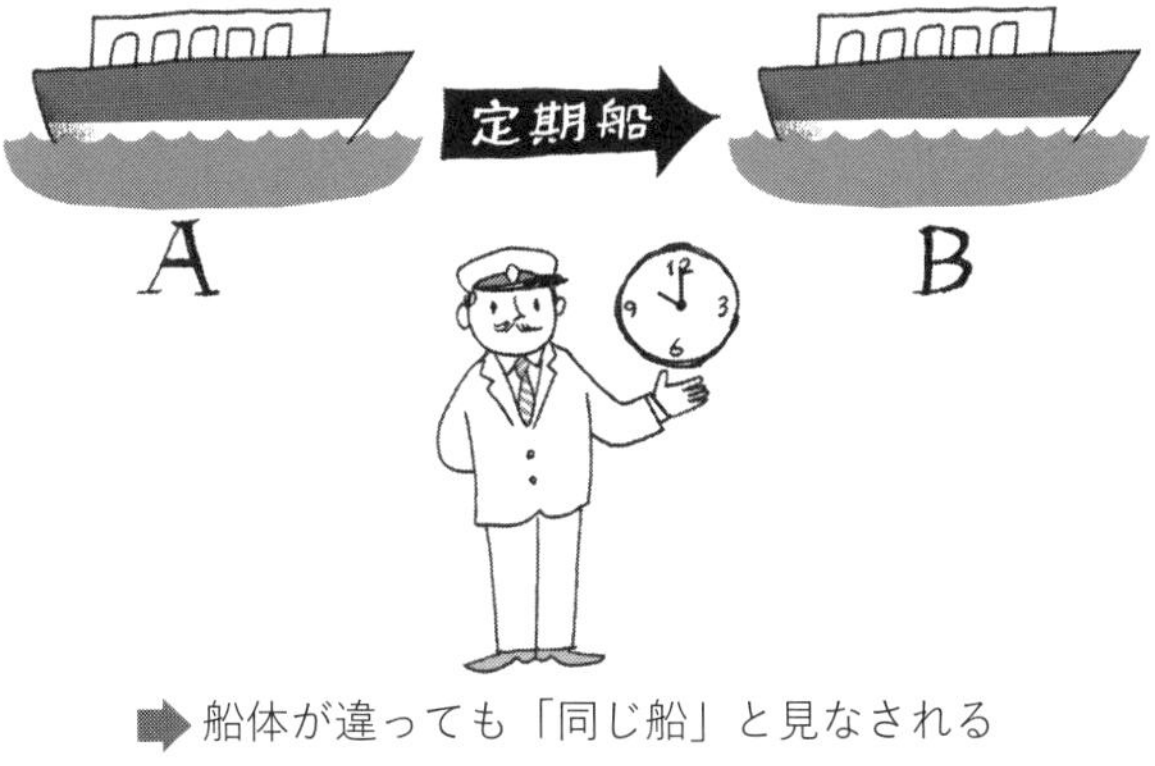

➡船体が違っても「同じ船」と見なされる

本の話でいうと同じ目的で使うことができるので同じ船ということになります。

●修理されたテセウスの船が本物

ここから考えると、テセウスの船は修理されたほうの船を本物と考えるべきです。

なぜなら、最初のテセウスの船と同様の機能を保ち、同じ仕事ができるのは修理されたほうの船だからです。

当時のテセウスの船のように海に浮かび、動くことができるのは修理されたテセウスの船であり、復元されたテセウスの船は海に浮かべればすぐに沈んでしまうでしょう。

さらに、修理されたほうのテセウスの船は、テセウスの船がアテネに現れてからずっとそこにあります。

少しずつ少しずつ手が加えられ、多くの人が伝説のテセウスの船を守ってきたのです。年月の経過とともにその船は今日にいたるまでそこに存在していたということは、誰もが疑わない事実です。

もし、復元されたほうのテセウスの船が本物と言うのなら、テセウスの船を守ってきたすべての労力を否定することになるでしょう。

修理されたテセウスの船を本物じゃないとすると…

テセウスの船
伝説の
テセウスの船だ
ちょっと修理した
テセウスの船
伝説の
テセウスの船だ
もっと修理した
テセウスの船
伝説の
テセウスの船だ
すべて修理した
テセウスの船
これは
違う船…？

どの段階で別の船になったのか、判断が難しい

●復元されたテセウスの船が本物

ある調査員が、アテネの若者と共に帰還したテセウスの船に遺された痕跡から、当時の歴史的な背景を調べようとしたとき、どちらの船を調べればいいでしょうか。

もし、調査員が、修理されたテセウスの船を調べ始めたとしたら、その船は違う船だから……と指摘されるでしょう。歴史的なことを考える時は当然、元の木材で復元されたほうのテセウスの船を本物とみなし、そちらを調査すべきです。

先ほどの本の話で考えると、質を基準に同じ本を考える見方です。同じ本は世界にただ一冊で、同じ材質の紙を使って、一字一句違わない文字が印刷されていようと、同じ本とは呼べないという考え方です。

さて、別の見方も考えていきましょう。あなたは海で遭難しているところをある漁船に助けられました。

後日、海を眺めているとその漁船と見た目が極めて似ている船が見えました。「あなたを助けた船と同じですか?」と聞かれたら、あなたは「船種は同じのようだ。同じ船とは限らないね」と答えるでしょう。

本でいうと、サイン入りの本と似ています。船種が同じであろうと、あなたを助けたただ1

復元されたテセウスの船が本物と見なされるときもある

元々のテセウスの船に
使われていたんだって
ふーん
ずいぶん
集まってきたね
突然２艘目の
テセウスの船が現れた!?
学者である私に
とってはこちらの方が
価値がある

つの船以外は違う船です。形がそっくりであろうと違う船ということです。

テセウスの船で考えると、助けた船を修理したところでその船であることに変わりはありませんから、木材がすべて修理で入れ替わっていたとしても修理された船は確かにあなたを助けた同じ船です。

しかし、復元された船には、助けられたときについたであろう傷が残っているかもしれませんし、確かにあなたが足をついた木材は復元された船にのみあるものです。

どちらも助けられた船と同じ船と考えたくなりますね。


このように、何をもって同じとみなすかによって、答えは違ってくるのです。

時と場合により〝同じ〟は変化します。

種類の違う〝同じ〟を比べたために、テセウスの船は難しい問題となってしまったわけです。

あなたの価値観や判断基準によって、テセウスの船の答えは変わってくるのです。

【思考実験No.10】

アキレスと亀

俊足で知られるアキレスと亀が競走をします。アキレスは亀よりずっと俊足なので、ハンディキャップとして、亀よりも少し後方からスタートし、合図とともに同じ方向に走り出します。すると、次の現象が起こることがわかります。

スタート時、亀がいた場所をA地点とすると、アキレスがA地点にたどり着いたとき、亀は少し前のB地点にいます。次に、アキレスがB地点にたどり着いたとき、亀はさらに少しだけ前のC地点にいることは確実です。次にアキレスがC地点にたどり着いたときはどうでしょう。亀は少し前のD地点にいます。その次にアキレスがD地点にたどり着いたときはどうでしょうか。もちろん亀は少し前のE地点にいます。

これは永遠に続きます。つまり、アキレスは決して亀に追いつくことはできません。アキレスがいくら頑張っても、少し前に亀がいた地点に追いつくだけなのですから。

アキレスは本当に亀に追いつけないのでしょうか?

考え方のヒント

「アキレスと亀」はゼノンのパラドックスとして有名な思考実験です。

俊足で知られるアキレスという青年が亀と競走をしたら、当然あっという間に亀を抜き去るはずです。これが当たり前の思考であり、現実にそうなります。

では、なぜアキレスが亀に追いつけないという説明がもっともらしく思えてしまうのでしょうか。実際にはアキレスは亀を追い抜きますから、アキレスは決して亀に追いつけないという結論を導き出した過程に誤りが隠れているはずです。

アキレスがA地点に着いたとき、確かに亀はB地点にいます。アキレスがB地点に着いたとき、アキレスがC地点に着いたとき、アキレスがD地点に着いたとき、と考えていっても、確かに亀はアキレスより少し前にいることになります。

これを100回繰り返しても同じように亀はアキレスより前にいます。これではいつまでたってもアキレスは亀に追いつけません。

では、この説明はどんな状態のアキレスと亀の関係を表しているのでしょうか。ここに、この思考実験を解くカギが隠れています。

アキレスが追いつけないときのアキレスと亀の位置関係

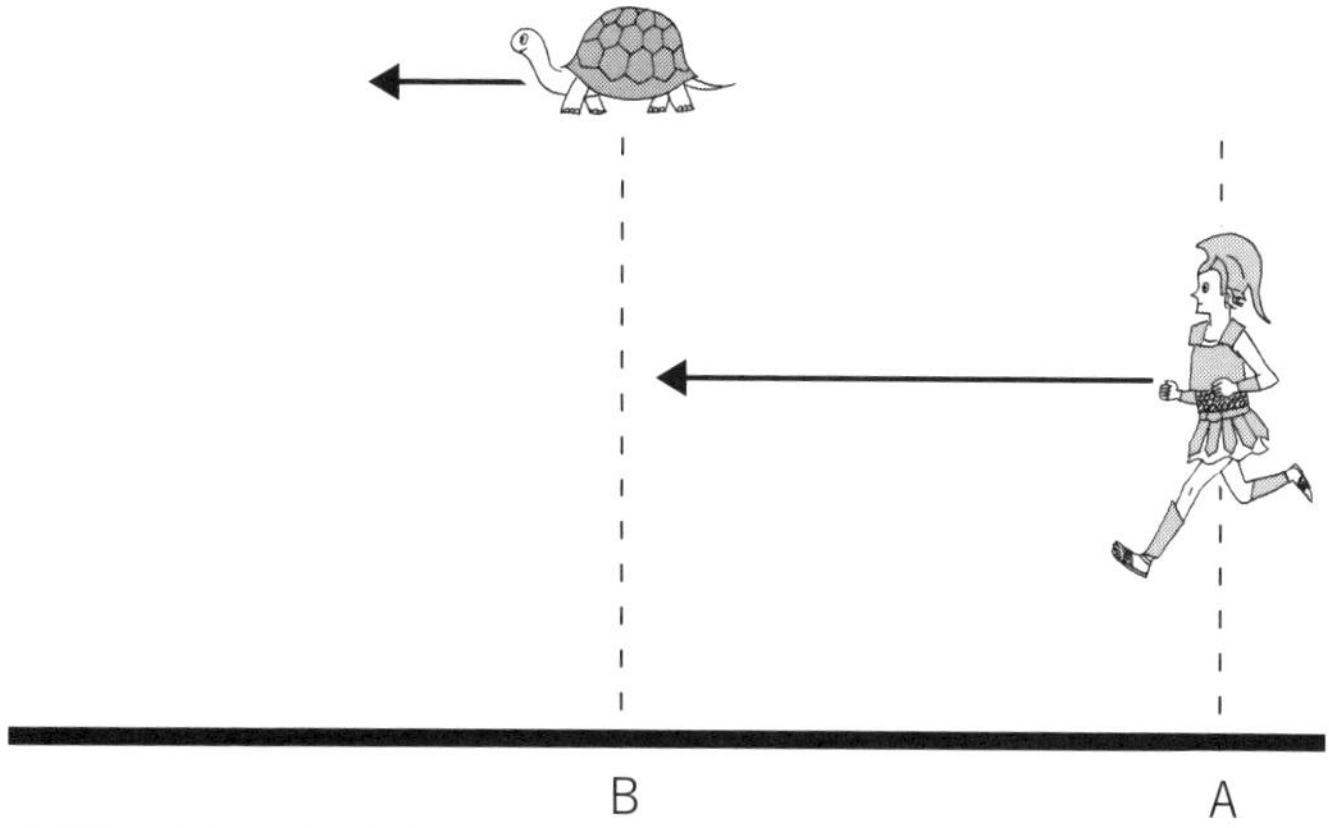

アキレスがA地点に着いたとき、亀は少し先のB地点にいる

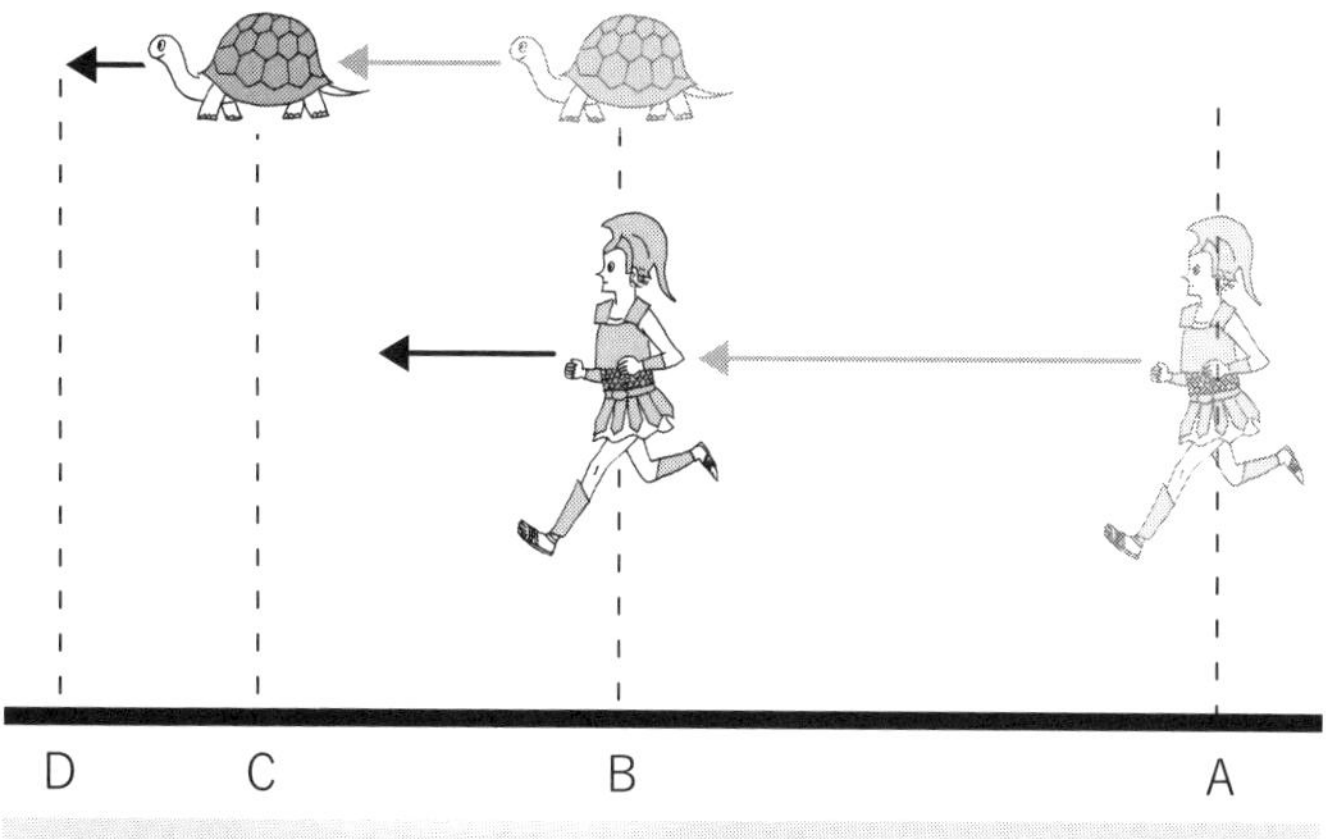

アキレスがB地点に着いたとき、亀は少し先のC地点にいる

アキレスが亀に追いつけないのは、アキレスが亀に追いつくまでのアキレスと亀の関係を延々と細かく説明しているからです。

スタートして10秒でアキレスが亀を追い抜くとします。ではスタートして5秒後はどうでしょう？　アキレスは亀に追いついていますか？　亀がまだ前にいますね。

では、6秒の時はどうでしょうか。7秒の時は？　では8秒の時はどうでしょうか？　9・9秒の時はどうでしょう？　まだ追いつけませんね。

つまり、アキレスが亀に追いつく瞬間が訪れる以前のシーンを細かく細かく考

アキレスが亀に追いつくときのアキレスと亀の位置関係

アキレスが亀に追いつくまでの間、必ず亀は前にいる

パラドックスは、この追いつくまでの時間を
永遠に繰り返しているに過ぎない

えているに過ぎないのです。

確かに、アキレスが亀を追いかけている状態であれば、どのシーンであってもアキレスより亀が前にいますよね。

いくら俊足で知られるアキレスでも、亀に追いつく以前のシーンを延々と分解して検証されたのではたまったものではありません。追いつく以前に追いついているわけがありませんから。

【思考実験No.11】

5億年ボタン

5億年ボタンは、菅原そうた氏（HPアドレス http://www.soogle.biz/）によるCG漫画「みんなのトニオちゃん」内のエピソード「アルバイト（BUTTON）」で登場するボタンです。

＊

楽なアルバイトを探しているスネ郎とジャイ太。

ジャイ太がトニオにいいアルバイトがないかと詰め寄ると、トニオがあるアルバイトを紹

5億年ボタン

介します。

「いいかどうかは分からないでちゅけど」と前置きをしつつも、「一瞬で100万円稼げるバイト」と言うのです。

驚くスネ郎とジャイ太に、トニオはさらに説明を続けます。

・仕事内容は簡単で誰でもできるもの
・一瞬ボタンを押すだけ
・ボタンを押すと微弱な電流が流れて何もない空間にワープする
・ワープした先で5億年を過ごす

「ずーっとひとりでこーゆー何もない空間でただひたすら『生きてろ』っていうバイト。やりまちゅか？　100万円の為に」

5億年ボタンアルバイトの全体像

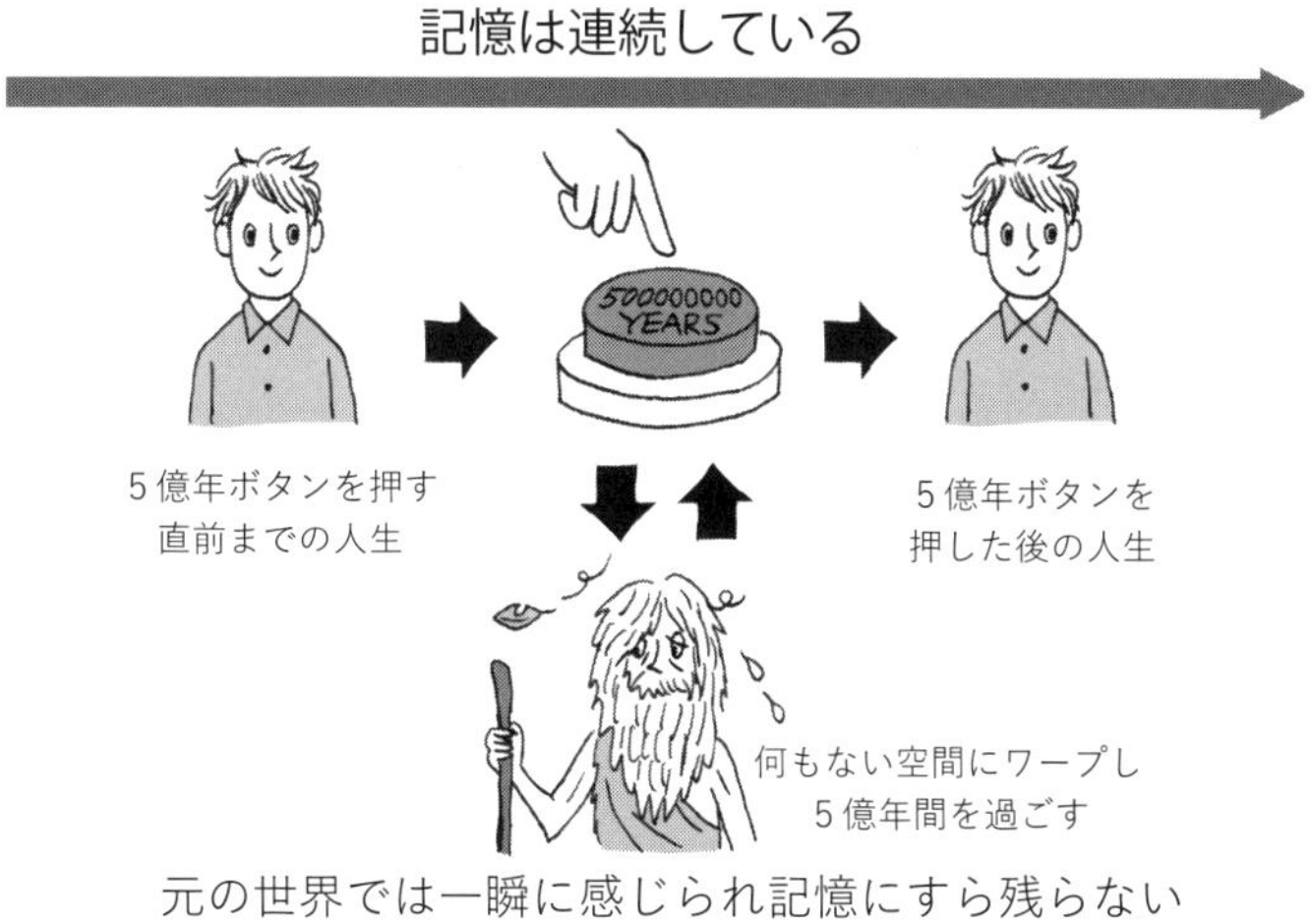

記憶は連続している
500000000 YEARS
5億年ボタンを押す直前までの人生
5億年ボタンを押した後の人生
何もない空間にワープし5億年間を過ごす
元の世界では一瞬に感じられ記憶にすら残らない

トニオの説明によると、意識はハッキリしており、眠ったり死んだりできません。

ただ、終わった瞬間に5億年分の記憶はすべて消され、もとの「やる」と言った瞬間に元の状態で戻れるのです。

そして、「もう終わったの？　一瞬で100万円手に入ったじゃないか」と感じるというのです。

あなたはこのボタンを押しますか？

考え方のヒント

漫画内では先にジャイ太がボタンを押し、一瞬で100万円を手にしました。

5億年分の記憶はすっかり消えているので、「あれ？　壊れてんのか？　なんも起こんねーじゃん」と、ただボタンを押しただけで100万円手に入ったことに驚いていました。そしてもう一度ボタンを押したのです。

それを見たスネ郎はついにボタンに手を伸ばします。そこから地獄の5億年が始まり、絶望を経験します。白いタイル張りの空間に飛ばされ、退屈と恐怖を味わいます。

しかし、終わると記憶はすっかりなくなるので、喜んでまたボタンを押してしまうという展開でした。

アルバイトを選ぶとき、必ず確認する事項が時給ですよね。率のいいアルバイトには非常に魅力を感じます。

この5億年ボタンを考えるとき、実際に経験する5億年を時給で考えると大変なことになります。なんせ年給で0・002円です。1年間そこにいても0・002円しか手に入らないのです。そう考えると誰もこのアルバイトに参加しないでしょう。

しかし、実際には5億年の記憶は消され、一瞬で100万円が手に入ったという感覚なのですから、秒給100万円とも考えられるでしょう。秒給100万円ならやらない人はいません。

実際、5億年で100万円と一瞬で100万円、どちらが正しいのでしょうか。

感覚では一瞬で100万円が手に入りますが、本当は5億年を経験しているのです。どちらと考えるか、おそらく意見が分かれるところでしょう。

●5億年の世界で過ごすということ

5億年の間何もない空間で、眠ることもできず、ずっとそこにいなくてはならないとい

うのは、誰にとっても苦痛であり、あまりにも長い時間に絶望を感じるでしょう。

唯一の希望は5億年たてば元に戻れるという事実だけです。それだけで5億年を耐えきることができるでしょうか。

もし、今日から1年間、生活費は出すから何もせずに誰ともかかわらずにただ考え事をして過ごせと言われたら、5億年に比べればほんの一瞬にもかかわらず二度とやりたくない苦痛と感じるのではないでしょうか。世界は動いているのに、自分だけ取り残された気分になるでしょう。

ただ、現実での1年間と、お腹もすかない、年も取らない5億年ボタンの世界での1年間は全く異なるものです。

5億年の世界では、何もしないことで体が弱ってしまったり、精神的な病気になったり、世間体を気にしたりする心配はありません。現実世界では一瞬も時間が経過していないことになるのですから、そういった体や社会の変化を気にする必要はないのです。記憶を含め、何もかもが元に戻るのですから、その場さえ乗り切れば後のことは全く心配する必要がありません。

こう考えると問題になってくるのは、社会的な目でもなく、肉体的な変化でもなく、経済的な不安でもありません。ただ1つ、精神的な苦痛が残るだけです。

もし、5億年の間ずっと気を失っていられるのなら、100人に聞いて100人がこのアルバイトに参加するはずです。もちろん、トニオを信用することを前提とするなら、ですが。

つまり、ボタンを押すときに問題となるのは、連続した5億年分の意識です。5億年が存在しても、意識がないなら問題にはならないのです。

●ボタンを押すと答える人

ボタンを押すと答える人は例えばこう考えます。

ボタンを押したあと、5億年を過ごしたとして、その記憶はすべてなくなってしまうのですから、感覚としては一瞬で100万円が入ります。もし、このボタンを10回押したとしたら、一瞬にして1000万円が手に入ることになります。これならやらない理由がどこにあるのでしょうか。

例えば、あなたが今何らかのボタンを押したとしましょう。あなたは気がついていませんが、実はそれは5億年ボタンだったのです。

これが本当だったとしても、ほら、気づきもしていないではありませんか。なんの苦痛も感じていませんよね。

こう考えると5億年ボタンを押す行為によって、実生活になんの変化も生まれないわけです。

何もない空間での5億年の間、苦痛を味わったとして、それはすでに過去の話ですし、そもそも覚えていないのですから過去の記憶とも呼べません。

5億年で100万円か一瞬で100万円かの答えを出すとしたら、当然一瞬で100万円が手に入ったと考えます。

●ボタンを押さないと答える人

一方、ボタンを押さない人の考えは例えば次のようなものです。

たとえ記憶がすっかり消され、一瞬で100万円を手にすることができると感じるとしても、実際には耐え難い5億年を過ごしているのだ。

人生を100年と考えて、その50万倍もの時間をただただ何もない空間で、孤独と退屈を感じながら過ごすなんて想像するだけで怖くなる。そこまでの苦痛を耐えてたったの100万円では割に合わない。

したがって、100万円を受け取るための5億年はやる価値がないと結論付けます。

5億年で100万円か一瞬で100万円かの答えを出すとしたら、5億年で100万円と考え、結果押すという選択肢はありえません。

この2つの意見の大きな差は、結果重視か過程重視かということでしょう。

結果だけを考えればやらない理由などどこにもありません。体が衰えるわけでもなければトラウマが残るわけでもなく、ボタンを押す直前からの記憶は連続していて、ただボタンを押しただけで100万円を手に入れたという記憶がハッキリと脳に刻まれます。

そこには5億年などどこにも残っていません。押す瞬間は怖いと感じるでしょうが、押してしまえばなんてことはありません。一瞬で100万円が手に入ります。

過程重視の場合は、例え感覚として100万円を手に入れることができるとしても、現実に5億年は存在し、ボタンを押せば5億年を経験することになるのは明らかです。

そこは年給0・002円の世界なのです。どんなに気が狂おうと、死ぬこともできなければリタイアもできないのです。それほどの苦痛を味わうとわかっていて、たった100万円で引き受けるでしょうか?

いくら感覚的に一瞬であっても、実際に5億年の世界を体験するのであればその一瞬は確かに5億年なのです。

さて、あなたの考えはどちらですか?

【思考実験No.12】

タイムマシン物語

さて、ここで未来の技術といえば必ずその名前があげられ、利用してみたいと思う人も多いであろうタイムマシンについての思考実験を考えたいと思います。

タイムマシンは存在できるのでしょうか？　もし、将来タイムマシンが発明されたとしたらこういうことが起こるかもしれません。その場合、現実はどう変化するのでしょうか？

＊

ヒカルの母親は、ヒカルが生まれる3年前、重い病を患っていました。この時代の医療ではなすすべもありません。ヒカルを生むどころか命さえ助かる見込みもなく、残り1年の余命と宣告されました。

それから半年後、未来からやってきたという少年がヒカルの母親の為に特効薬を持ってきました。実は母親が余命宣告をされたその15年後に特効薬ができたのです。その薬を持って現れた少年はヒカルでした。

ヒカルはタイムマシンでまだ自らが生まれていない過去に行き、自分の母親の命を救いました。ヒカルが来なかったら母親は確実に命を落としていたのです。命を救われた母親は無事ヒカルを出産しました。

この物語の矛盾はどう考えればよいのでしょうか？

ヒカルとタイムマシン

ヒカルはどこで誕生した？

考え方のヒント

ヒカルの母親が確実に命を落としたのなら、ヒカルは生まれていないことになり、ヒカルはタイムマシンで助けに行くことはできません。ヒカルがタイムマシンで薬を届けて助けに行けるのならヒカルの母は病を克服し、ヒカルを出産することができます。

この場合はヒカルの母親はヒカルを出産する前にこの世を去っているので、当然ヒカルは生まれていないはずで、存在しないヒカルが母親に薬を届けることはできないと考えるのが妥当でしょう。

では、ヒカルが助けた相手が妹だったらどうでしょうか？

【思考実験No.13】

タイムマシン物語・2

ヒカルはヒカルがまだ10歳の時、当時5歳だった妹を病気で亡くしました。時は流れヒカルが30歳になったとき、当時妹が患っていた病気の特効薬が見つかりました。

ヒカルはできたばかりのタイムマシンに乗って当時5歳だった妹の所へ戻り、特効薬を妹に与えました。妹は息を吹き返し、病気を克服したのです。

もし、タイムマシンがあるのなら、このような出来事は起こりそうです。しかし、それならばヒカルが10歳～30歳までの間、妹はどこにいたのでしょうか？

考え方のヒント

もしタイムマシンで特効薬が届けられたなら、妹は死んでいないことになりますからずっと一緒に過ごしていたことになります。

しかし、その場合、妹不在で過ごしたヒカルの20年間はどうなるのでしょうか。

また、ヒカルは10歳の時に既に、20年後からやってきた自分が妹を助けたという事実を知っているはずです。20年後にはタイムマシンがあって、特効薬を自分が妹に届けに来るはずだ、と。

ここから考えると、現実社会の未来にタイムマシンが存在する可能性は限りなく低くなるでしょう。もし、タイムマシンが未来のどこかで発明されるのなら、そこから時間旅行で今のこの時代に来ている人がいてもおかしくないのに、そのような情報はありません。

また、もしそんな技術が開発されるのならこんなことが起こるかもしれません。

タイムマシンがA社で開発された後、ライバル社であるB社の社員がタイムマシンの作り方を学んでからタイムマシンで過去にさかのぼります。そして、過去のB社にタイムマシンの作り方を教え、A社より先にタイムマシンを作って発表するのです。すると次はC社やA社が……ときりがありません。

ヒカルとタイムマシン2

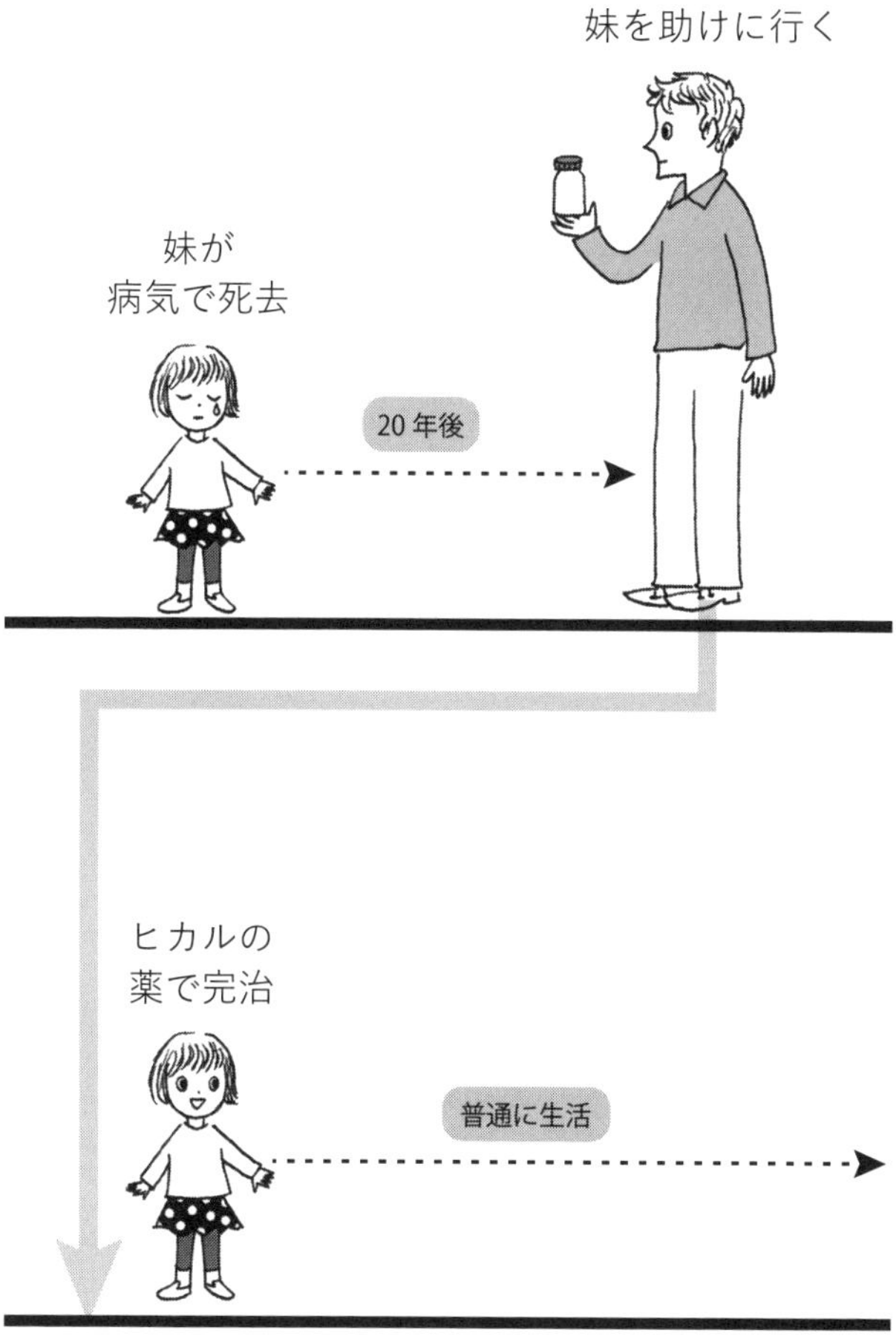

タイムマシンの存在を信じる専門家も、タイムマシンが過去に行くときに時間軸が分かれ、本物そっくりの世界に行くだけとしたり、過去に影響を与えてはいけないという制約があるとしたり、様々な意見を交わしているようです。

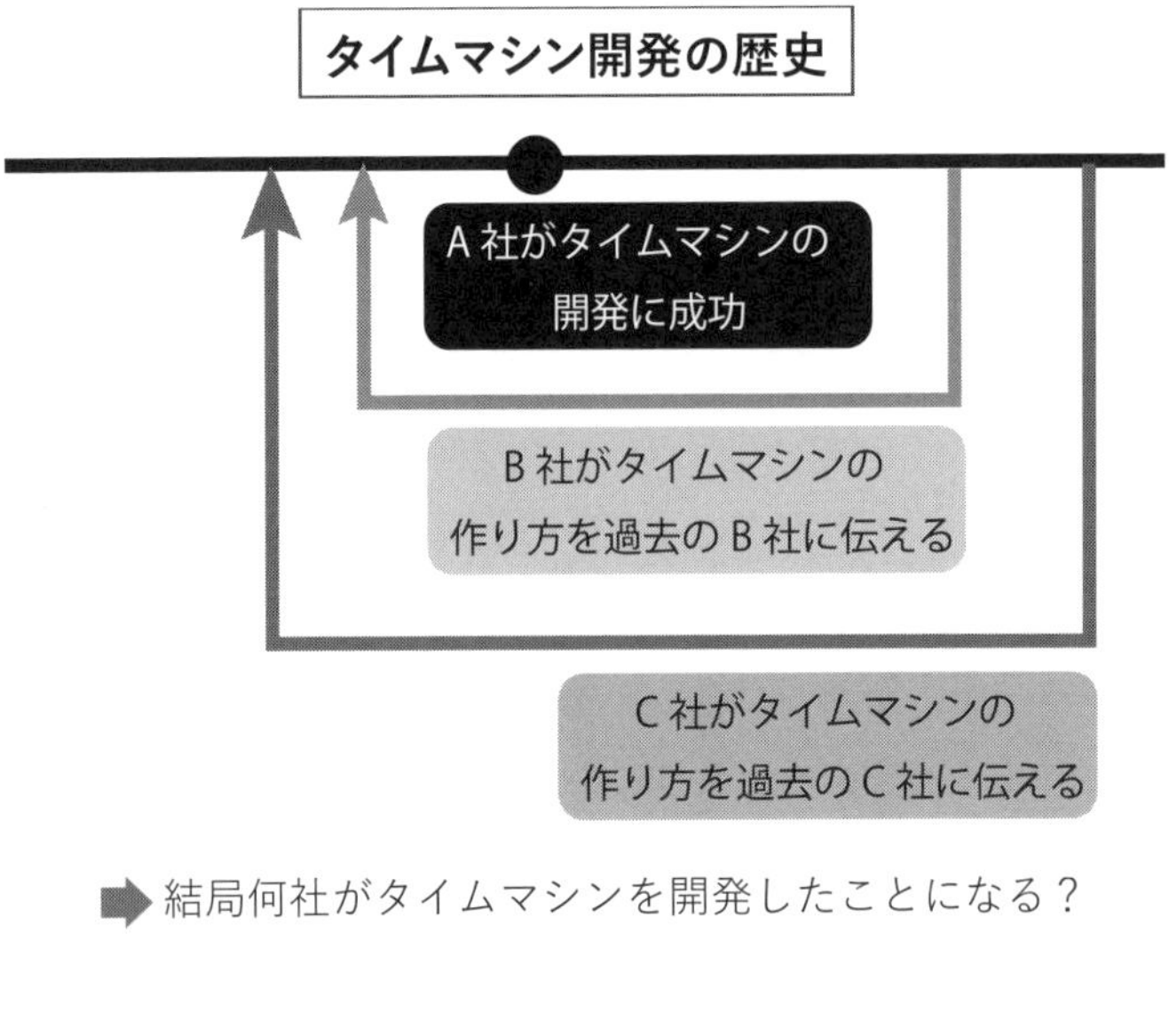
タイムマシン開発の歴史
A社がタイムマシンの開発に成功
B社がタイムマシンの作り方を過去のB社に伝える
C社がタイムマシンの作り方を過去のC社に伝える

➡ 結局何社がタイムマシンを開発したことになる？

【思考実験No.14】

タイムマシン物語・3

過去にさかのぼって自分が生まれないようにしたらどうなるのでしょうか？

＊

タクロウは親が嫌いでした。特に暴力的な父親が嫌いです。ある日タイムマシンが発明され、タクロウはそれに乗って過去にさかのぼりました。そして、父親の両親（タクロウの祖父母）が出会わなければこんな父親は生まれないのだと思い、父の両親が決して出会わないようにしました。2人の奇跡の出会いの場を操作し、出会いをなくしたのです。結局、2人は出会わないまま別々の道を歩みました。

当然父親が生まれることはなかったのです。

しかしここで問題が生じます。タクロウの父親が生まれなかったということは、当然タクロウも生まれないことになります。タクロウが生まれなければタクロウがタイムマシンに乗って祖父と祖母の出会いを操作することはありません。つまり2人は出会い、結ばれます。

しかし、こうなると今度はタクロウが生まれてきます。するとタクロウは父親を恨み、タイムマシンに乗って祖父と祖母の出会いを妨害します。そして2人は別々の道を歩み父親が生まれることはなくなります。

結局祖父と祖母は出会うのでしょうか？

考え方のヒント

タイムマシンは様々なアニメや映画、ゲームに登場し、難事件を解決したり、人命や世界を救ったりと、様々な活躍を見せています。

しかし、これまで見てきたように、タイムマシンが存在すると多くの矛盾が生まれます。この「タイムマシン物語3」も、タイムマシンの存在を否定する事件です。

例えば、自殺願望のあるAさんが、タイムマシンで5分前の自分の元に行き、自分で命を絶つことができないでいる自分を殺したとします。

すると、その時点でAさんの命は尽きていることになり、5分後のAさんは存在しないことになります。それならAさんを殺しに来た人物は誰なのでしょうか?

しかし、これがもし、未来に行く時間旅行だったとしたらどうでしょうか。5分後の自分を殺すのだとしたら、この矛盾は生じません。

もし、Aさんが5分後の自分を殺したとしたら、その5分後に過去の自分が現れて自分を殺すことになるのです。タイムマシンで過去に行くと矛盾が生じますが、未来であればこの件に

自分で自分の命を絶つことはできるか

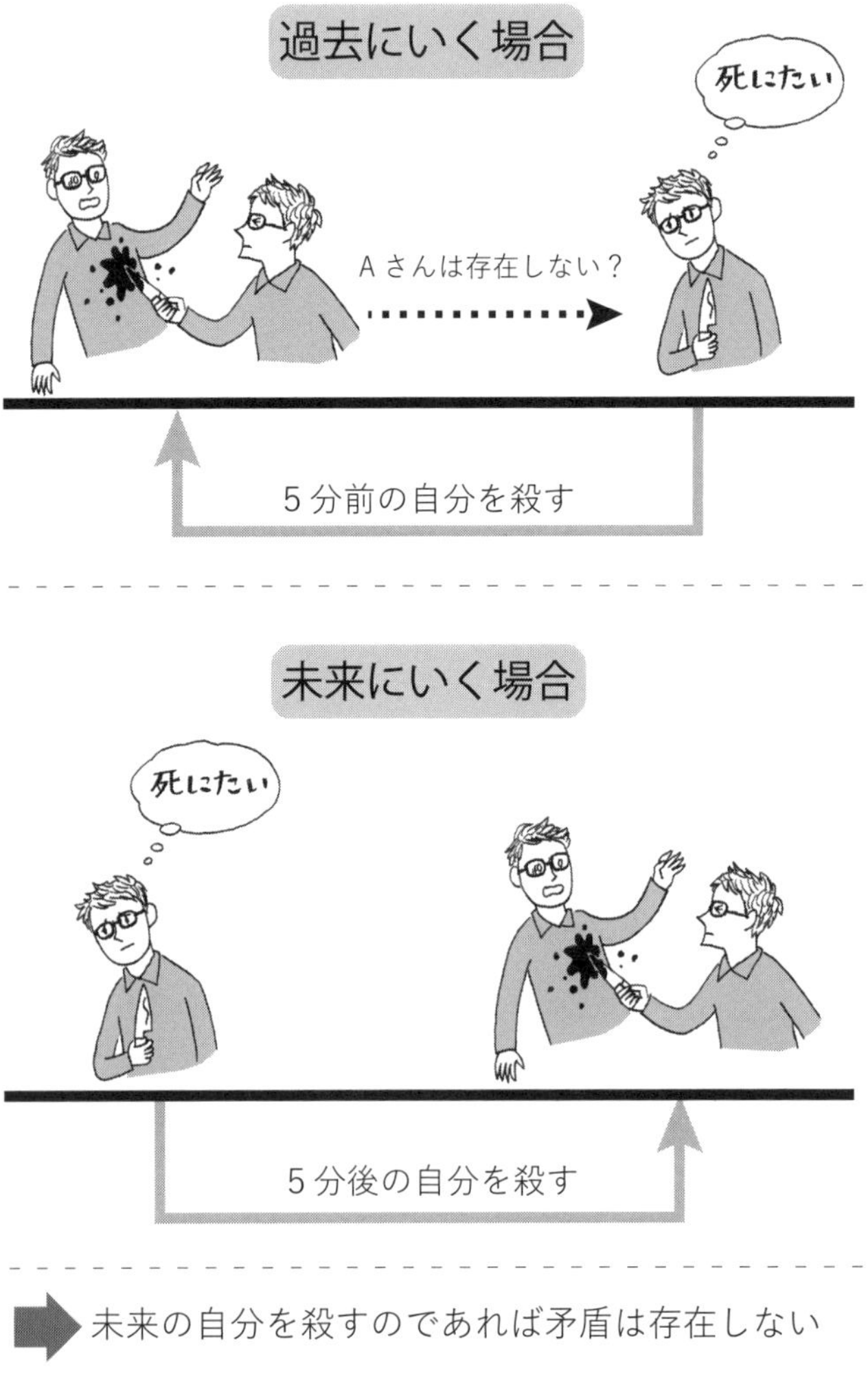

過去にいく場合
死にたい
Aさんは存在しない？
5分前の自分を殺す
未来にいく場合
死にたい
5分後の自分を殺す
未来の自分を殺すのであれば矛盾は存在しない

関する矛盾は生じないようです。

ただ、この話でも、1分後に怖くなり、その1分後の自分を遠くに逃がしたとしたらどうなるでしょうか。タイムマシンの存在はなかなか難しいもののようです。

タクロウの話でも、タクロウは父親を生まれなくするという形で存在を消しました。すると、タクロウは生まれないことになり、タクロウが生まれなければ父親の存在を消す人はいないわけですから、父親は無事生まれてくることになります。

しかし、するとタクロウが生まれることになり……と矛盾が生じます。

もし、タイムマシンが未来に開発され、その存在が可能であるとしたら、様々な制約があるとしか考えられないでしょう。過去に干渉してはいけないとか、過去の人々に未来から来たことを知らせてはいけない、又は知られないようにプログラムされているとか。

あなたは未来のタイムマシンの存在を信じますか?

第３章

数字と現実の不一致を味わう思考実験

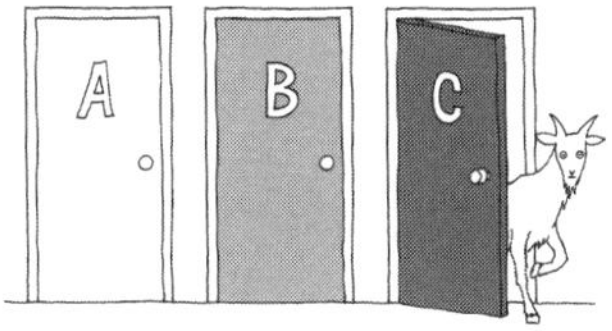

▶モンティ・ホール問題 ・・・・・・・・・・・・・・108 ページ
▶不平等なデザインコンテスト ・・・・・・・・・・124 ページ
▶ギャンブラーの葛藤 ・・・・・・・・・・・・・・140 ページ
▶トランプの奇跡 ・・・・・・・・・・・・・・・・148 ページ
▶カードの表と裏 ・・・・・・・・・・・・・・・・152 ページ
▶見抜く質問 ・・・・・・・・・・・・・・・・・・154 ページ
▶注文伝票の裏側 ・・・・・・・・・・・・・・・・160 ページ
▶２つの封筒 ・・・・・・・・・・・・・・・・・・167 ページ
▶２つの封筒・２ ・・・・・・・・・・・・・・・・184 ページ
▶エレベーターの男女 ・・・・・・・・・・・・・・187 ページ
▶あり得ない計算式 ・・・・・・・・・・・・・・・197 ページ
▶あり得ない計算式・２ ・・・・・・・・・・・・・205 ページ

直感が正解への道を妨げる

私たちは学生時代、算数や数学の問題に頭をひねってきました。この感覚は思考実験と通じています。

算数に関する思考実験というと難しそうな話だろうと構えてしまうかもしれませんが、数学でなく算数ですから、難しい計算式や公式は登場しません。一見単純そうな問題から深く思考を広げていきます。論理的な思考が必要になる問題も、図を用いながらできるかぎりわかりやすく説明したつもりです。

ここで扱う問題は実感と実際の答えが異なるという特殊な問題が多く、まるでトリックのような数の不思議にあなたの頭は少し混乱するかもしれません。

例えば「モンティ・ホール問題」は、３つの扉から1つを選ぶという単純な設定からは想像でないほどの難問として知られています。「あり得ない計算式・2」では、2と1、1と0がイコールで結ばれてしまうという奇妙な問題が発生します。

数字というのはこれほど簡単に脳を騙すものなのです。この章では、そんな不思議な感覚を楽しんでいただければと思います。

【思考実験No.15】

モンティ・ホール問題

アメリカの人気長寿番組だった「LET'S MAKE A DEAL」の中で行われた、とある駆け引きゲームがあります。

このゲームに関する問題が、大論争を巻き起こしました。ゲーム自体に問題があったわけではなく、きっかけはこのゲームに対する1つのコラムでした。

この論争は、番組司会者であるモンティ・ホールの名前を取って、モンティ・ホール問題、モンティ・ホールのジレンマなどと呼ばれています。

番組の内容はこうです。

A、B、C3つのドアがあります。プレイヤーはこのうち1つの扉を選択し、それによって景品をもらうというゲームです。

3つのドアのうちの1つのドアの先には豪華な車があり、このドアを選択すれば車を手にすることができます。残りの2つの扉はハズレで、いずれもヤギが配置されています。車＝アタリ、ヤギ＝ハズレ、という単純な選択ゲームです。

ただし途中、司会者のモンティ・ホールが、ある駆け引きを持ち掛けます。駆け引きでプレイヤーを揺さぶる、それがこのゲームの見どころというわけです。

実際のゲームをご紹介します。思考実験でお楽しみください。

＊

さて、ゲームスタートです。プレイヤーはあなたです。3つのうち1つのドアを選びましょう。1つの扉には車が、他の2つの扉の向こう側にはヤギが配置されています。

仮にあなたはAの扉を選んだとします。

次に、モンティは演出として残りの2つのドア（BとC）のうち1つを選んで扉を開けます。

このとき、モンティは正解を知っており、必ず不正解の扉を開きます。もし、Aの扉が正解の場合、不正解の2つの扉からランダムに1つを開きます。

仮に今回はCの扉を開いたとしましょう。もちろん、ハズレなのでヤギが見えます。

これで、車があるドアはAかBとなりました。選択肢が3つから2つに減ったわけです。

そして、モンティはあなたに語り掛けます。

「選ぶ扉を変えてもいいですよ」

今ならBの扉に選択を変えることができるというのです。さて、選ぶ扉を変えたほうがいいのでしょうか？

思考を巡らせてみてください。

Cがヤギとわかったので、残る扉はAとBです。

Aの扉とBの扉、どちらを選択したほうが車を当てる可能性が高まるのでしょうか。

あるいは確率は同じでしょうか。それなら最初の選択のままでいいような気もします。

どの扉を選ぶか？

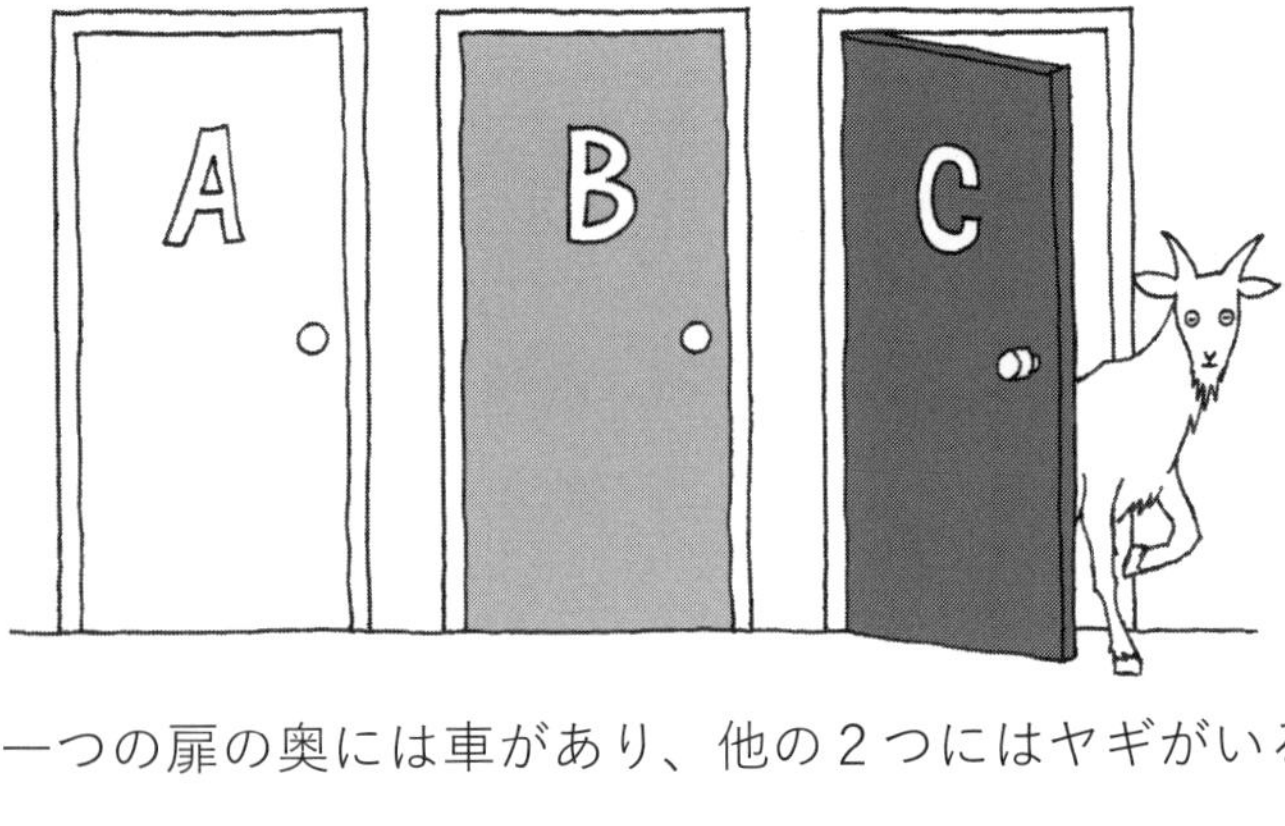

一つの扉の奥には車があり、他の２つにはヤギがいる

考え方のヒント

さて、実際の番組では最初の選択を変えないプレイヤーが多かったそうです。

その理由は、「別に2つのうち1つに車があるわけだから、確率は半々。それぞれ2分の1ずつだ。だから変える理由がない」「モンティの言葉で選択を変えて外れたら悔しい。自分の選択で外れたほうがマシ。だからモンティに惑わされることはない」というものであったそうです。司会者に揺さぶられてハズレを選ばされるのは後悔が大きくなるから嫌だ、ということですね。確率が半々なわけだから、自分の直感を信じる、というのも、もっともな理由に聞こえます。

確かにAかBのどちらかに車があるわけですから、どちらも確率は同じように思えます。しかし本当にそうなのでしょうか？

実はこのモンティ・ホール問題は、直感で得る正しいと思える答えと、実際の数学的に考えた場合の答えが異なる問題として有名です。

最初に大論争を巻き起こしたと書きましたので、確率は半々のはずなのに違うのか？と考えた方も多いかもしれませんね。

直感ではAの扉とBの扉はともに2分の1の確率と思えますが、実際は異なります。

この問題は多くの数学者さえも直感と同じ、AもBも2分の1の確率だと唱え論争を巻き起こしました。

その発端となったのがマリリン・ボス・サヴァントです。彼女が連載するコラム欄「マリリンにおまかせ」で、マリリンは「AとBの確率は異なる。プレイヤーは選択を変えたほうがいい。そうすれば確率は2倍になる！」と書いたのです。

それに対し、マリリンは間違っている！　という抗議が多く寄せられ、その中には数学者も多数含まれていたといいます。数学者の中にはルールを正しく理解していなかったために誤解をしていた人もいたようですが、マリリンのもとには1万通を超える投書が寄せられたそうです。

しかし、正しいと結論付けられたのはマリリンの出した答えのほうでした。確率は確かに2倍になるのです。

●【解説1】

最初に扉を選ぶとき、A、B、Cの3つの扉はともに車を当てる確率は3分の1ずつです。

この中の1つであるAを選んだあなたは、この時点では3分の1の確率を持っています。ここまでは問題ないと思います。問題はこの先です。

司会者のモンティが扉Cを開き、それはハズレでした。モンティは意図的にハズレの扉を開いているので、確実にハズレの扉が1つ選択肢から外れます。

この時点で扉Cにあった3分の1の確率はどこに行くのでしょうか?

いや、そういう問題では……と思われるかもしれませんが、その3分の1がBの確率に

各扉の確率

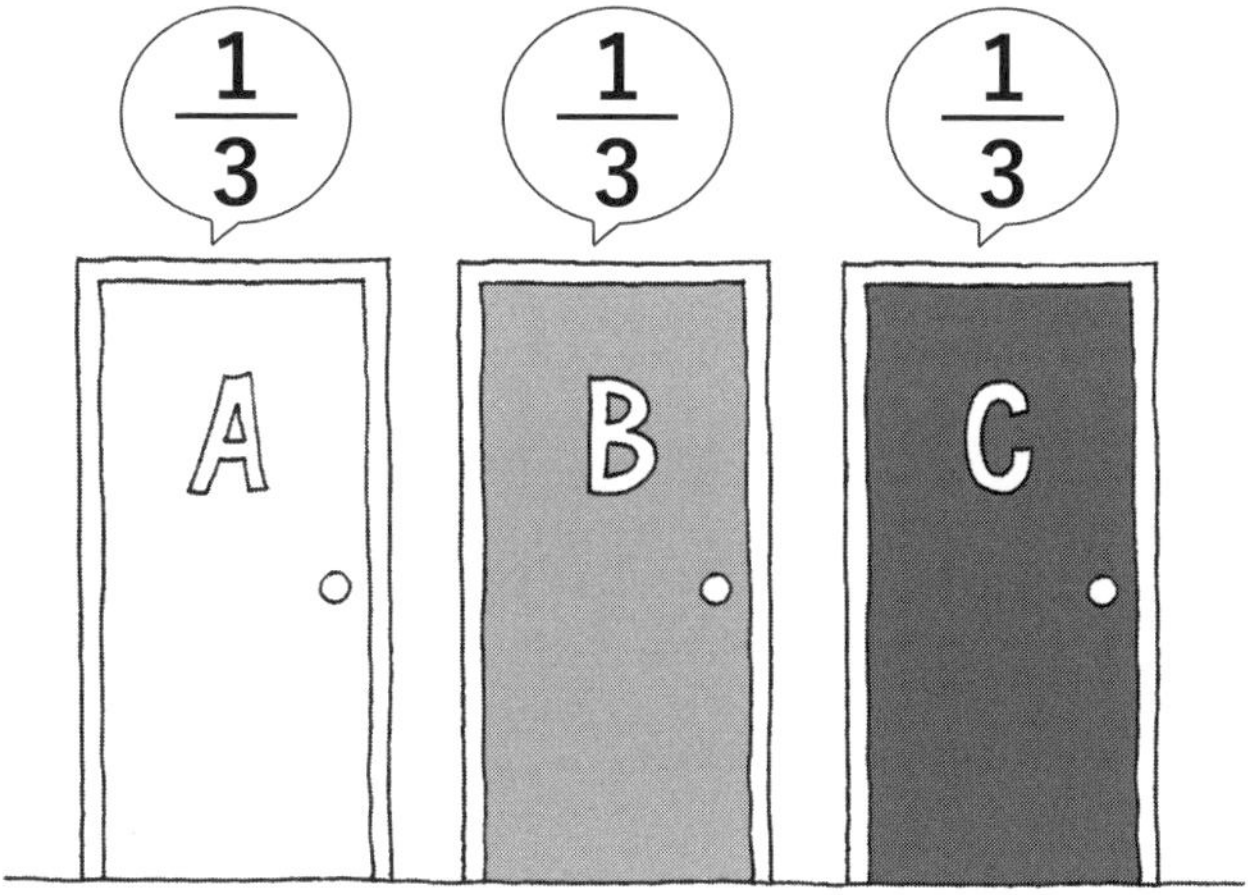

足される、というのが正解なのです。（後にコンピュータによる実験でも証明されました）

直感では、Cがハズレとわかった時点で確率は半々になる、と考える人が多いようです。モンティが「選ぶ扉を変えてもいいですよ」と言ったとき、プレイヤーは改めて2つの扉から1つを選んでいます。2つの扉から1つを選ぶということは、確率は2分の1ずつのはず、と考えるでしょう。

実際にはBの扉のほうがAの扉より2倍当たる可能性が高い。いまいちピンとこないのではないでしょうか。解説のため、別のケースを用意します。

ABCの3つの扉があります。1つの扉には車が、残りの2つの扉にはヤギが配置されており、見事車を当てることができれば、あなたは車をもらうことができます。

ここまでは先ほどのゲームと同じです。プレイヤーであるあなたは、次のうちどちらかを選択することができます。

選択肢1：Aが正解なら車をもらうことができる

選択肢2：BまたはCが正解なら車をもらうことができる

さて、どちらを選びますか？

最初の問題と違い、選択肢は2つです。Aを選択するか、それともBとCの2つを選択するか、と解釈できます。

この2つのどちらを選びますか？　おそらく多くの人が選択肢2を選ぶのではないでしょうか。

それは当然の選択です。選択肢2のほうが当たる確率が2倍になるからです。

下の図を見てください。選択肢2の「BまたはCが正解なら車をもらうことができる」を選ぶほうが、車が当たる確率が高いことがわかりますね。

Aを選ぶか、BとCを選ぶか？

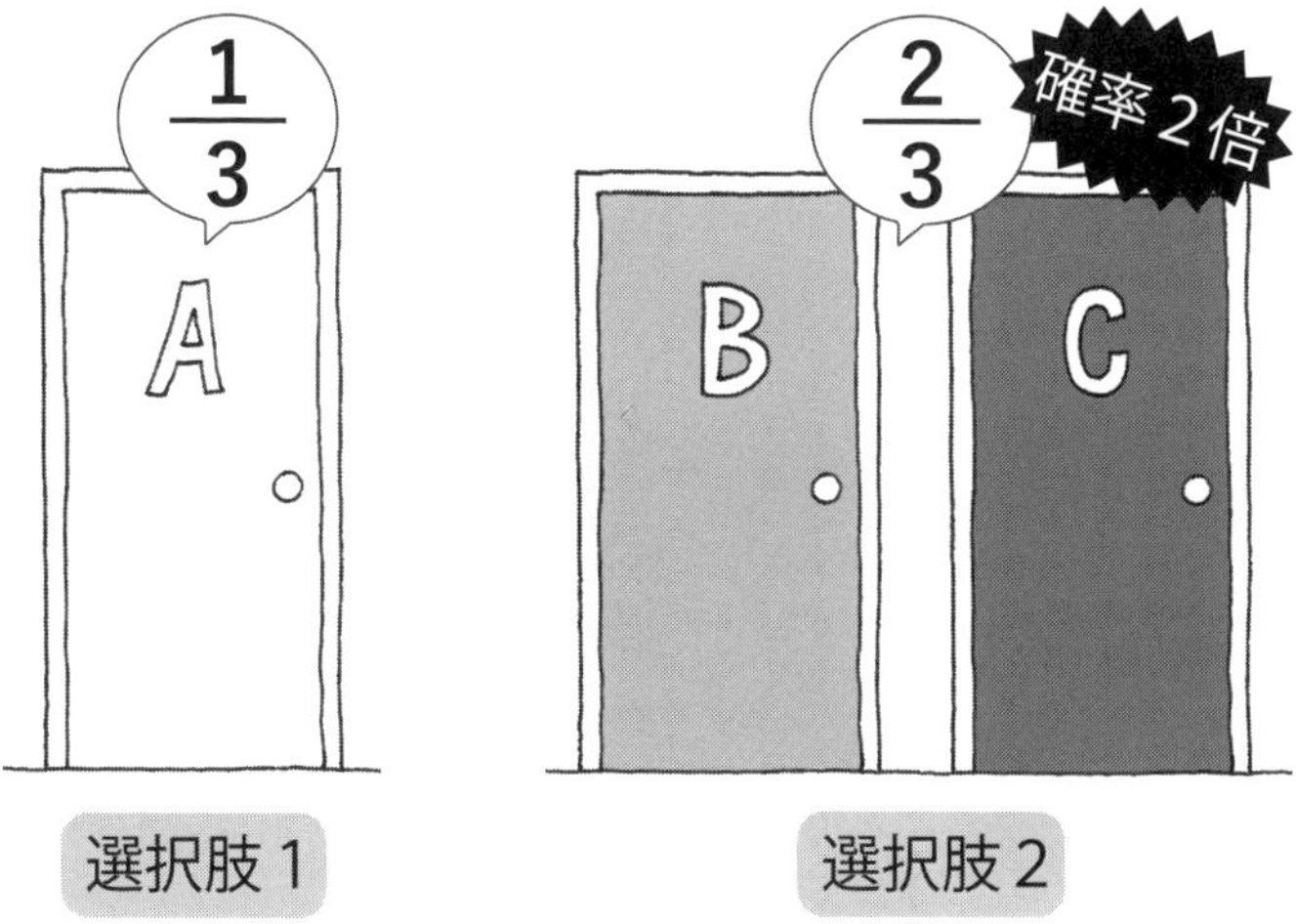

選択肢1の「Aが正解なら車をもらうことができる」を選んだ場合の当たる確率は3分の1、選択肢2はBが正解でも、Cが正解でもいいわけですから、確率は3分の2です。

これなら選択肢2を選びたくなります。選択肢1を選ぶ人はかなりの冒険家です。

アメリカの番組「LET'S MAKE A DEAL」のゲームの駆け引きで、モンティはBかCのうち、片方が外れであることを教えてくれています。それはすなわち、Aを選ぶか、BかCのうち外れである1つを除いた残りを選ぶか、という選択ということになります。つまり、選択肢2そのものであると考えることができます。

●【解説2】

モンティ・ホール問題は難問なので、まだわかりにくいかもしれません。今度はやり方を変え、しらみつぶしに全パターンを考えてみます。これなら、感覚的にわかりやすいと思います。

まずは扉の選択を変えない場合です。起こり得るパターンは次の通りです。

1・Aを選んでモンティがBかCを開け、Aが正解→**車獲得！**
2・Aを選んでモンティがCを開け、Bが正解→ヤギ
3・Aを選んでモンティがBを開け、Cが正解→ヤギ
4・Bを選んでモンティがCを開け、Aが正解→ヤギ
5・Bを選んでモンティがAかCを開け、Bが正解→**車獲得！**
6・Bを選んでモンティがAを開け、Cが正解→ヤギ
7・Cを選んでモンティがBを開け、Aが正解→ヤギ
8・Cを選んでモンティがAを開け、Bが正解→ヤギ
9・Cを選んでモンティがAかBを開け、Cが正解→**車獲得！**

視覚的に理解しやすくするため、表にしてみましょう。

パターン6

Bを選んで
モンティが
Aを開け、
Cが正解

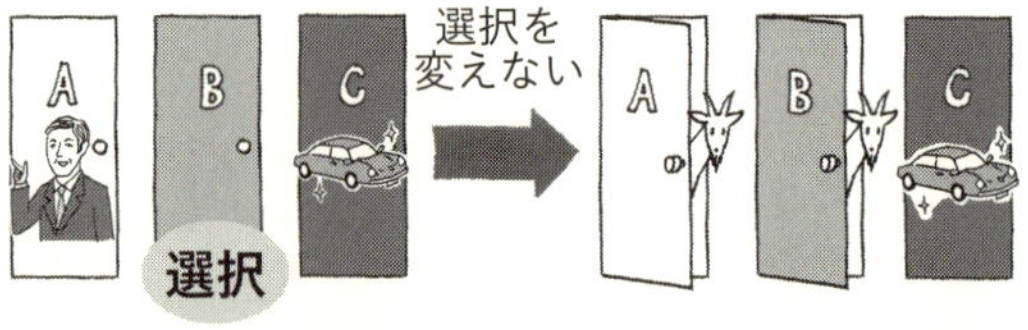

パターン7

Cを選んで
モンティが
Bを開け、
Aが正解

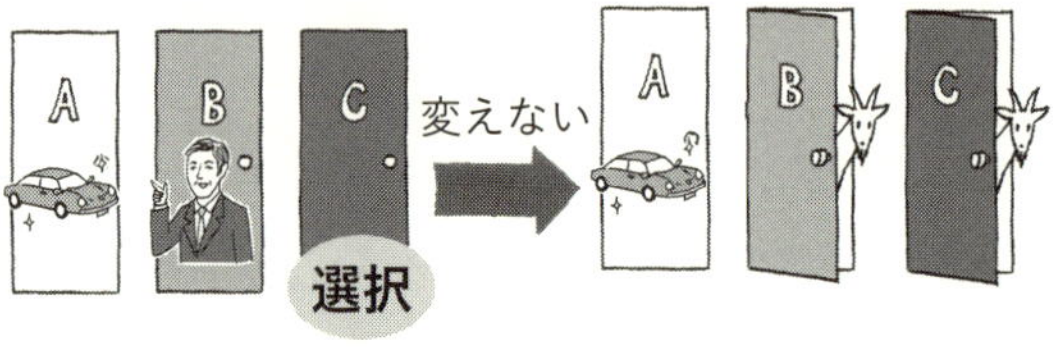

パターン8

Cを選んで
モンティが
Aを開け、
Bが正解

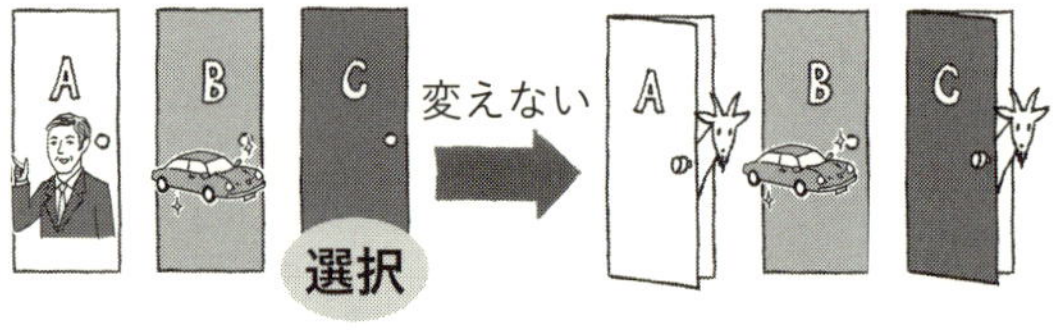

パターン9

Cを選んで
モンティが
AかBを開け、
Cが正解

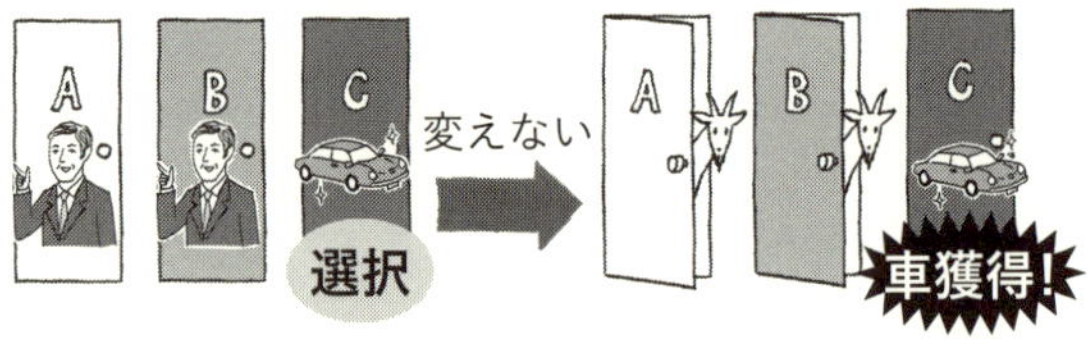

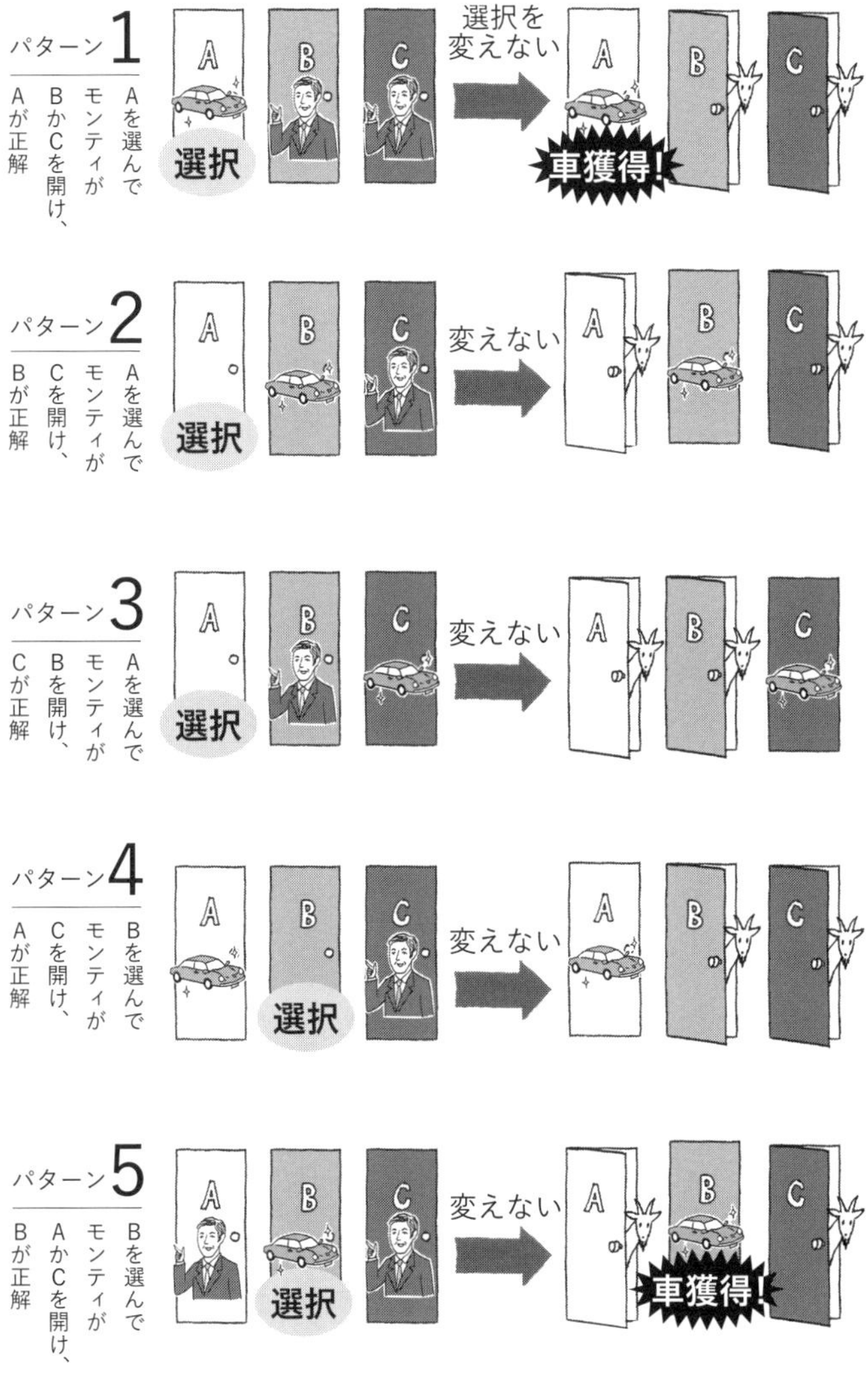
パターン1
Aを選んで
モンティが
BかCを開け、
Aが正解
A
B
C
選択
選択を
変えない
A
B
C
車獲得!
パターン2
Aを選んで
モンティが
Cを開け、
Bが正解
A
B
C
選択
変えない
A
B
C
パターン3
Aを選んで
モンティが
Bを開け、
Cが正解
A
B
C
選択
変えない
A
B
C
パターン4
Bを選んで
モンティが
Cを開け、
Aが正解
A
B
C
選択
変えない
A
B
C
パターン5
Bを選んで
モンティが
AかCを開け、
Bが正解
A
B
C
選択
変えない
A
B
C
車獲得!

次に、扉の選択を変える場合です。起こり得るパターンは次の通りです。

1.Aを選んでモンティがBかCを開け、選択を変えAが正解→ヤギ
2.Aを選んでモンティがCを開け、もう一方の扉であるBに選択を変えBが正解→**車獲得！**
3.Aを選んでモンティがBを開け、もう一方の扉であるCに選択を変えCが正解→**車獲得！**
4.Bを選んでモンティがCを開け、もう一方の扉であるAに選択を変えAが正解→**車獲得！**
5.Bを選んでモンティがAかCを開け、選択を変えBが正解→ヤギ
6.Bを選んでモンティがAを開け、もう一方の扉であるCに選択を変えCが正解→**車獲得！**
7.Cを選んでモンティがBを開け、もう一方の扉であるAに選択を変えAが正解→**車獲得！**
8.Cを選んでモンティがAを開け、もう一方の扉であるBに選択を変えBが正解→**車獲得！**
9.Cを選んでモンティがAかBを開け、選択を変えCが正解→ヤギ

「車獲得！」の文字が3個から6個に増えています。当たる確率が2倍になったことを表しています。

こちらも122ページ、123ページで視覚化します。

このように、モンティが「選ぶ扉を変えてもいいですよ」と言ったとき、選択肢を変えるのは賢い選択です。

モンティ・ホール問題は、マリリンの言う通り、確かに選択を変えれば確率は2倍になるということで決着がつきました。

パソコンでの実験（この問題をパソコン上で何度も繰り返す）でもそれが証明されています。

それがわかっていても直感を信じたくなりますし、わざわざ選択肢を変えてハズレを選んだらやはり悔しさが増すだろうとは思いますが、数学的には選択肢を変えるが正解となります。

パターン6

Bを選んで
モンティが
Aを開け、
選択をCに変えて
Cが正解

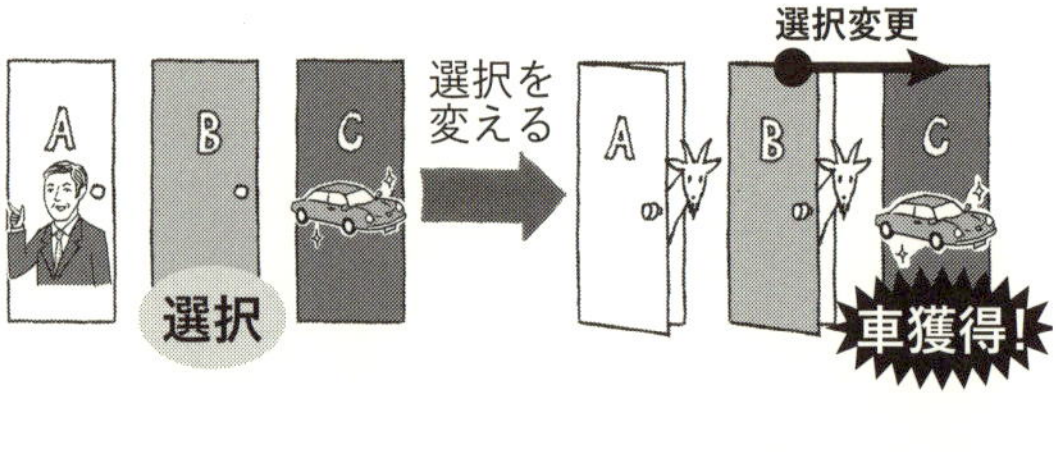

パターン7

Cを選んで
モンティが
Bを開け、
選択をAに変えて
Aが正解

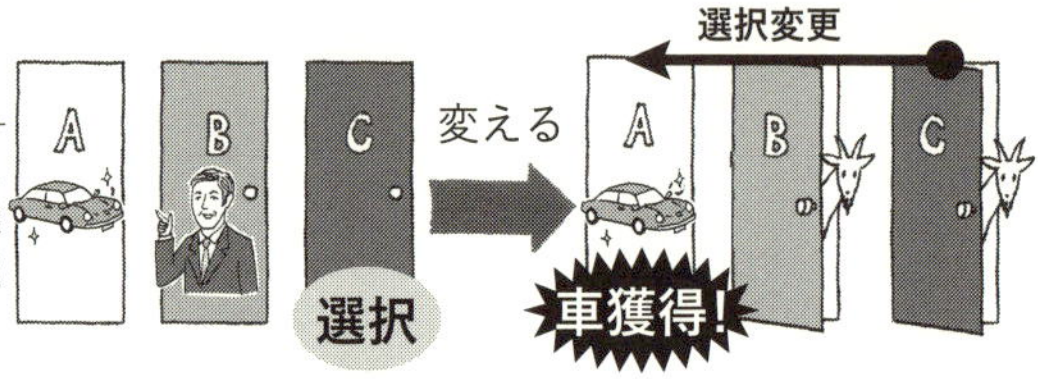

パターン8

Cを選んで
モンティが
Aを開け、
選択をBに変えて
Bが正解

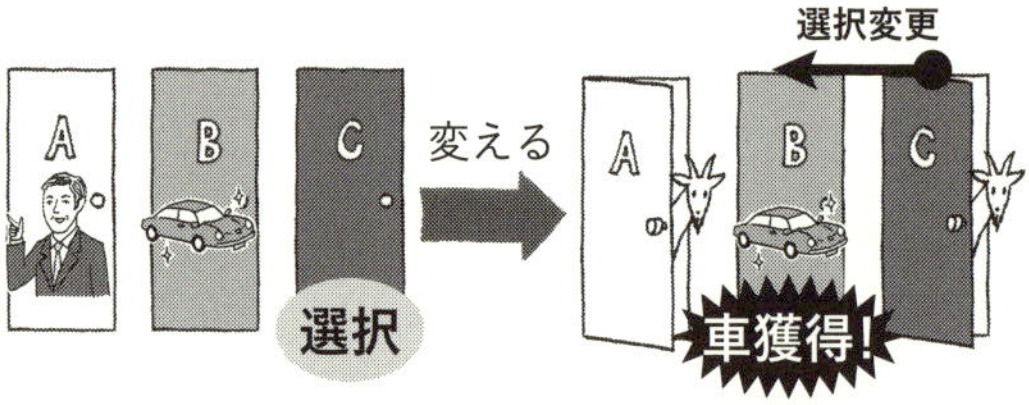

パターン9

Cを選んで
モンティが
AかBを開け、
選択を変えて
Cが正解

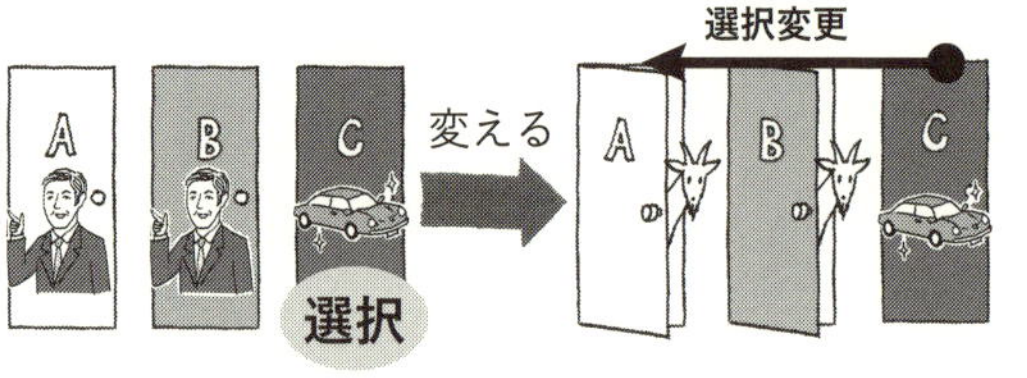

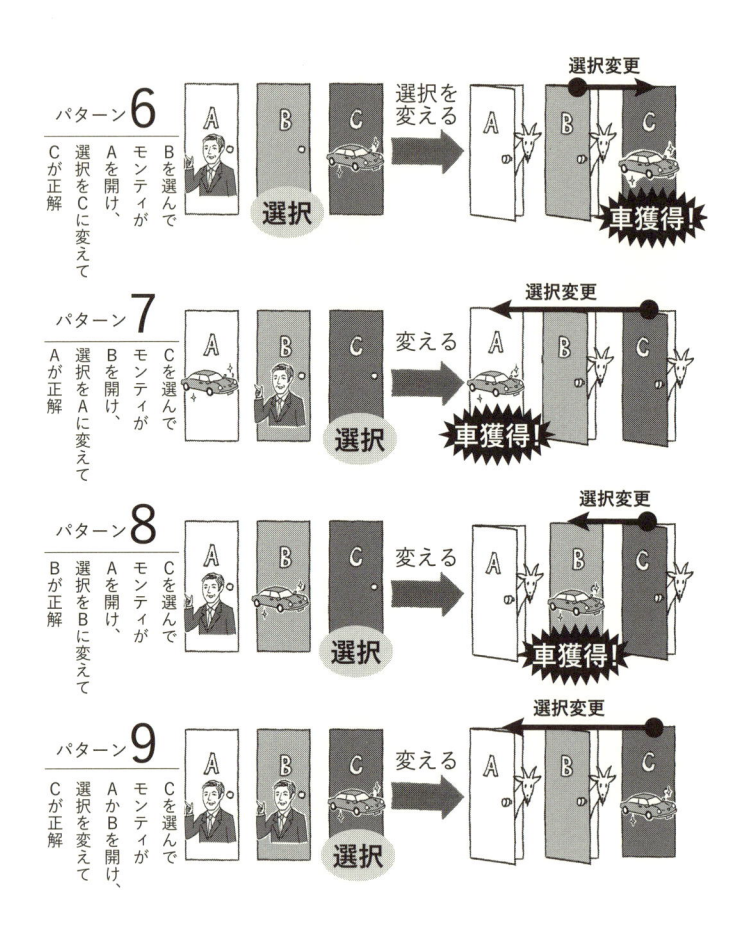

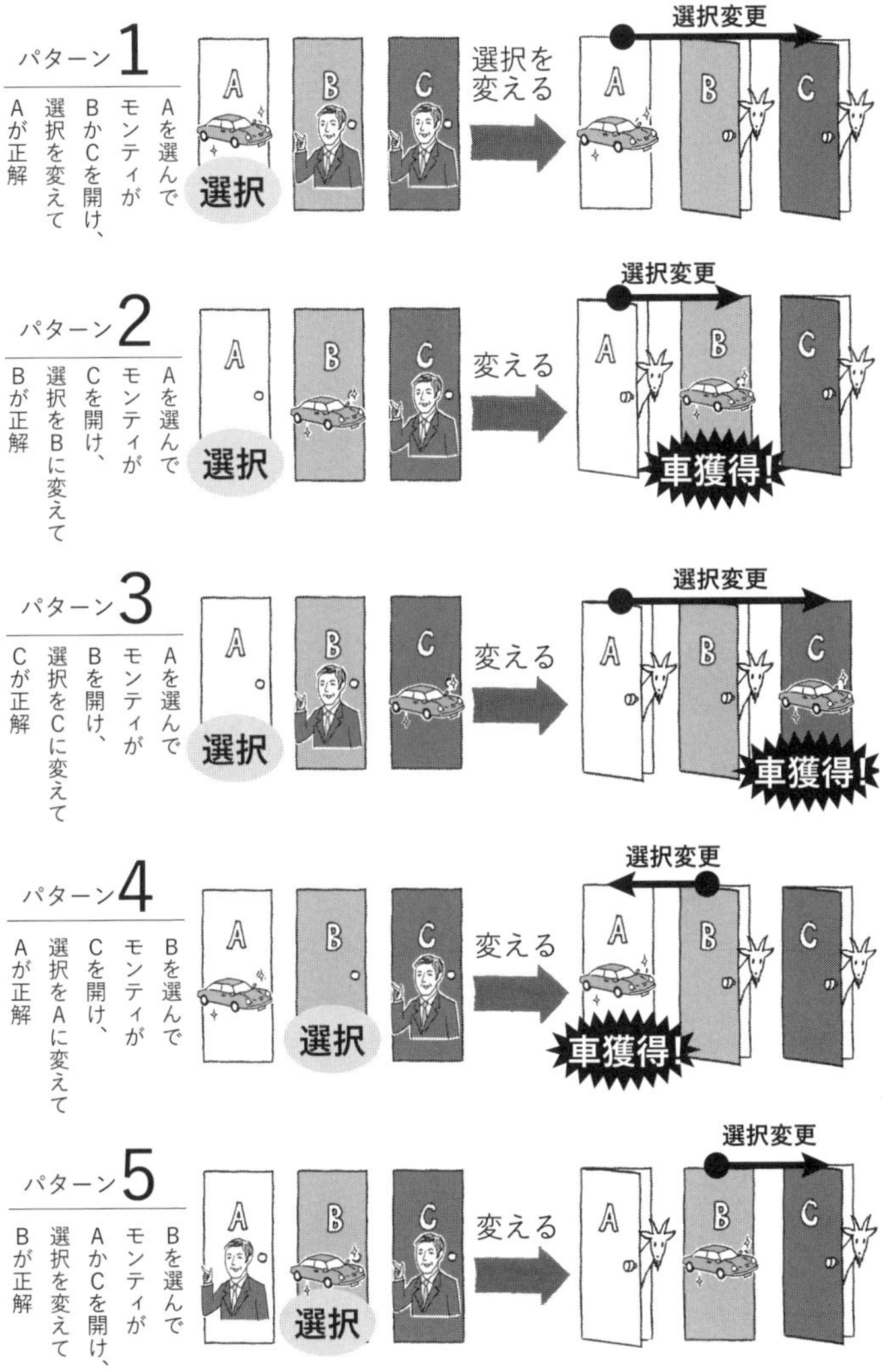
パターン1
Aを選んで
モンティが
BかCを開け、
選択を変えて
Aが正解
A
B
C
選択
選択を変える
選択変更
パターン2
Aを選んで
モンティが
Cを開け、
選択をBに変えて
Bが正解
A
B
C
選択
変える
選択変更
車獲得!
パターン3
Aを選んで
モンティが
Bを開け、
選択をCに変えて
Cが正解
A
B
C
選択
変える
選択変更
車獲得!
パターン4
Bを選んで
モンティが
Cを開け、
選択をAに変えて
Aが正解
A
B
C
選択
変える
選択変更
車獲得!
パターン5
Bを選んで
モンティが
AかCを開け、
選択を変えて
Bが正解
A
B
C
選択
変える
選択変更

【思考実験No.16】

不平等なデザインコンテスト

あなたは新人デザイナーです。日々依頼された仕事をこなしながら、自分の名前を広めるチャンスがないかと、デザインコンテスト情報を集めています。

ある日あなたは、来年創立される大学のシンボルマークを公募で決定するという情報をつかみました。これは面白そうだと早速シンボルマークの作成に取り掛かります。

そして、あなたは応募総数3万件という激戦を勝ち抜き、見事最終候補となる3案に残ることができました。

その後、あなたはプレゼンを終え、最終結果を待つことになりました。結果は1週間後に発表されます。

3日後、あなたは審査員たちが立ち話をしているところを目にし、そっと耳を澄ませます。

「いやー、3案に絞り込んだね。まぁ、審査員長のお気に入りデザイナーのA氏がいるからね。A氏が圧倒的に有利だろうね。確率としてはA氏が半分、残りの半分を他2人が分けあう感じ

かな。

ああ、もう結果は決まっている頃かな。審査員長が最後はびしっと決めると意気込んでいたから、結果は今日の夜にも僕に知らされるだろう」

あなたは3人が3分の1ずつと思っていた確率が本当は異なっていることを知ってしまったのです。


あなたは気が気じゃなくなり、翌日、審査を行った団体に電話を掛けました。

「今回の最終案となったデザインの1つを提出したCです。結果は出たんですよね。発表はまだなので結果は聞きませんが、私以外の2人のうち、落選した1人を教えていただくことはできますか？　もし、私が選ばれて

確率はA氏が圧倒的に有利

いるのなら、コイン投げでランダムに2人のうちどちらかを選んで教えてください」

すると、審査員の1人は言いました。

「わかりました。B氏の案は落選です。では、結果をお待ちくださいね」

そういうと受話器を置きました。

あなたは思いました。

「これでA氏は3分の2の確率、私は3分の1の確率か。まぁ、B氏の落選を聞く前は4分の1の確率だったわけだから、少しだけ確率が上がったことになるな。聞いてよかった」

さて、C氏（あなた）の考えは正しいでしょうか？

B氏落選を知り確率が変化

●元々A氏が有利なコンテスト

B氏が落選

●確率はどう変化するか…

この考えは正しい？

考え方のヒント

気がついたかもしれませんが、これはモンティ・ホール問題の確率変化バージョンです。モンティ・ホール問題が有名になる前、ほぼ同様の問題が日本で考えられていました。それは3囚人のジレンマと呼ばれ、今でもいろいろな本で紹介されています。

今回の確率変化バージョンは3囚人のジレンマでよく取り上げられる内容で、この本では、より考えやすいよう設定を変えてご紹介しました。

○参考ー3囚人のジレンマー

3囚人のジレンマでは、3人の死刑囚A、B、Cのうち、1人が恩赦になるという設定で話が進みます。恩赦になる確率は3囚人共に3分の1ずつです。

クリスマスの日に1人が恩赦になることになりましたが、誰が恩赦になるのかはわかりません。そこで囚人Aが看守に聞きます。

「BかCのうち、死刑になるのはどちらだ?」

看守は答えます。

「Bは死刑になる」

このとき、囚人Aが恩赦になる確率は？


答えはモンティ・ホール問題と同じくAが恩赦になる確率は3分の1で変化せず、Cが恩赦になる確率が3分の2に上がるというものです。

本題に戻ります。

C氏であるあなたは、少し気分が重くなりました。強敵である審査員長のお気に入りのA氏が残っているからです。

しかし、A氏の作品よりは絶対に自分の作品のほうが優れているはずだし、B氏が脱落とわかった今、確率は上がったはずだ、と気分を落ち着かせます。

さて、C氏は、確率は4分の1から3分の1に上がったと考えていますが、本当に上がっているのでしょうか？

モンティ・ホール問題を解説した後なので、C氏の確率は変わらず、B氏の確率がA氏に加えられると考えた方も多いでしょう。

B氏落選を知り確率が変化

B氏の確率はA氏に移動する？

しかし、実はこれも不正解なのです。

モンティ・ホール問題では、それぞれが正解になる確率は同じで、有利不利はありませんでした。

今回のデザインコンテスト問題では、A氏が選ばれる確率が元々高く設定されており、モンティ・ホール問題とは条件が異なります。同じように考えることはできません。

では、どうやって考えればいいのでしょうか？


こういったややこしい問題を考えるとき、役に立つ思考法があります。それは、同じ状況が何度も起こったときのことを考える多数回の試行という考え方です。

今回の問題を考えるなら、まったく同じ条件でコンテストが多数回行われたと考えます。

今回は400回起こったと考えましょう。

400回としたのは、A氏、B氏、C氏の選ばれる確率を考えたとき、2対1対1となるからです。

4回行われれば確率通りならA氏が2回、残りの2人が1回ずつ選ばれますね。8回ならその倍です。A氏が選ばれる回数は4回とすぐにわかります。

もしこれが、15回だったとしたら、A氏が選ばれる回数は7・5回、残りの2人は3・75回となり、計算しにくくなってしまいます。

多数回なので先ほどの4回を100倍して400回とすればキリのよい数字で計算しやすそうです。

では、400回起こったとして話を進めていきます。

まず、400回のうち、A氏が選ばれる回数を考えます。

A氏は2分の1の確率で選ばれるので、200回ですね。

次に、B氏です。4分の1の確率で選ばれるので100回となります。

最後にC氏ですが、これはB氏と同様の計算になるので100回です。

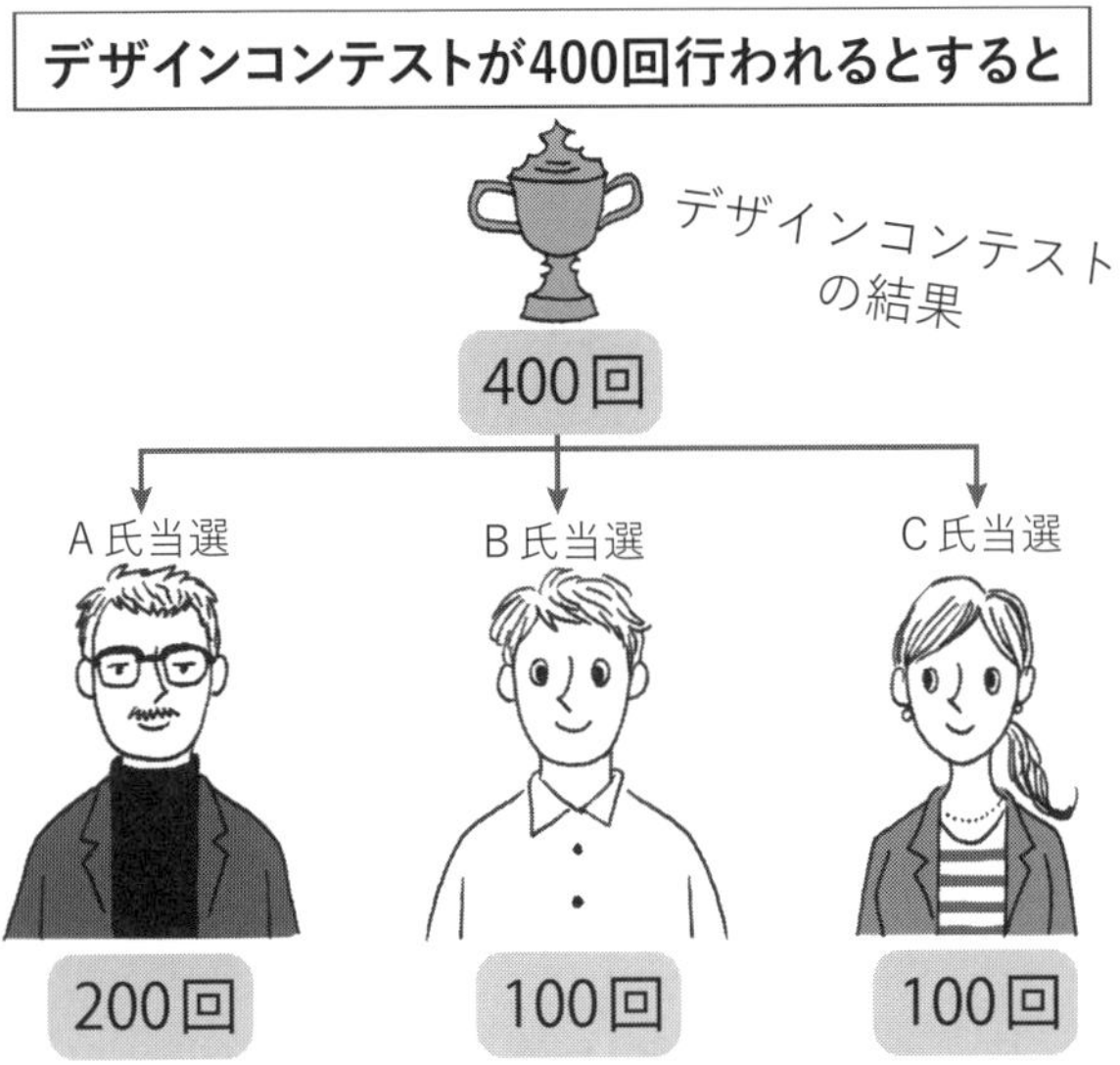

このうち、電話に出た審査員が「B氏の案は落選です」と言う回数を考えます。

まず、A氏の案が選ばれる場合、審査員は必ず「B氏の案は落選です」と言います。

なぜなら、A氏が落選と言えば嘘をつくことになりますし、あなたの質問は「A氏、B氏のうち落選した1人は誰か」なのですから、あなたが落選と言うことはないからです。

つまり、A氏の案が選ばれる回数である200回、審査員は「B氏の案は落選です」と言うことになります。

次に、B氏が選ばれた場合を考えます。

B氏が選ばれた場合、審査員は必ず「A氏

400回の中でA氏が選ばれていた場合

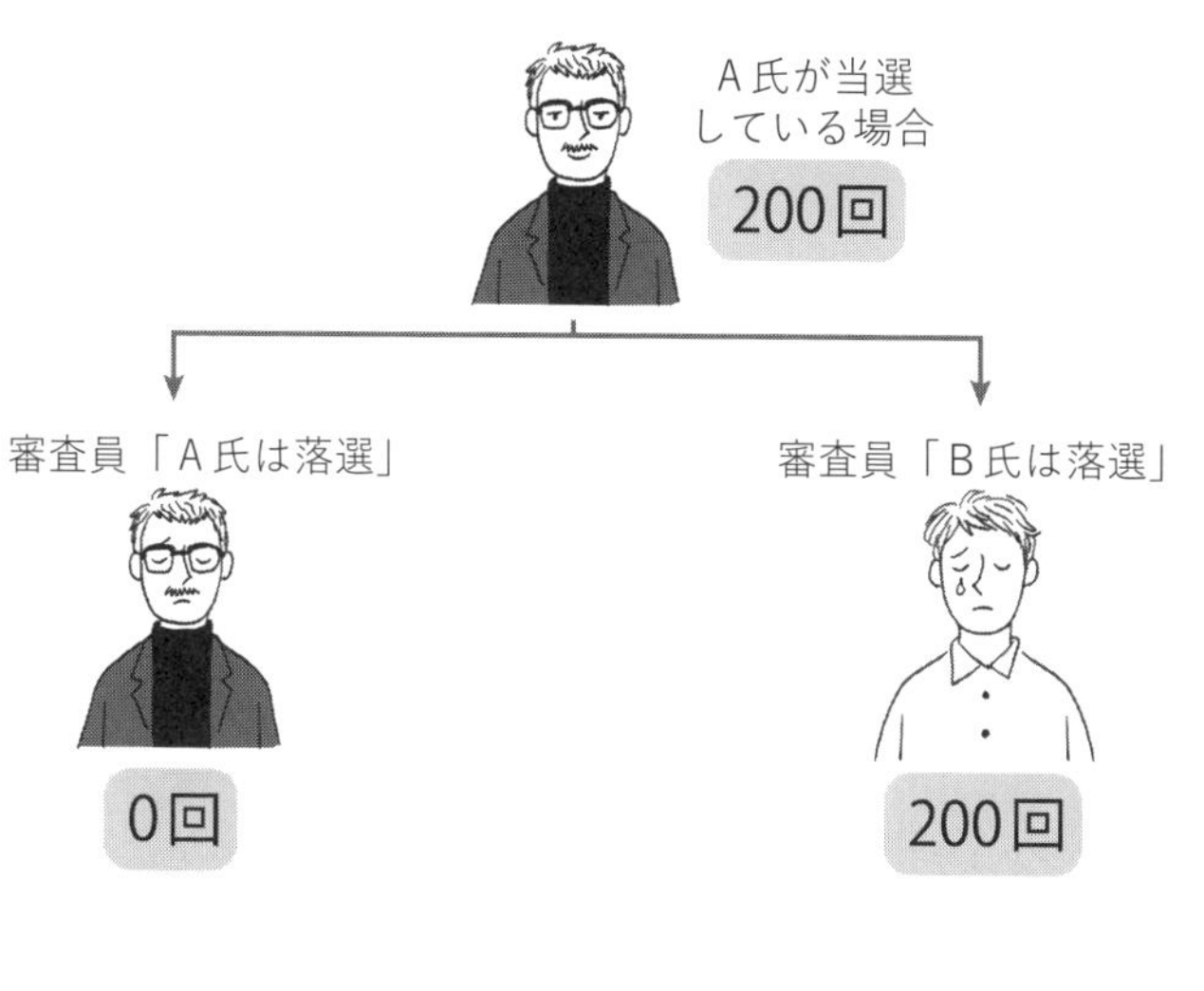

の案は落選です」と言います。

B氏が選ばれるのは400回中100回ですから、100回すべてにおいて「A氏の案は落選です」と言うことになります。


最後にあなたが選ばれた場合です。

あなたが選ばれた場合、審査員はコイントスによって「A氏の案は落選です」と言うか、「B氏の案は落選です」と言うかを決めます。

コイントスにより偏りなく発言するので、あなたが選ばれる100回のうち、50回は「A氏の案は落選です」と言い、もう50回は「B氏の案は落選です」と言うことになります。

さて、それでは問題にあるように、審査員

400回の中でB氏が選ばれていた場合

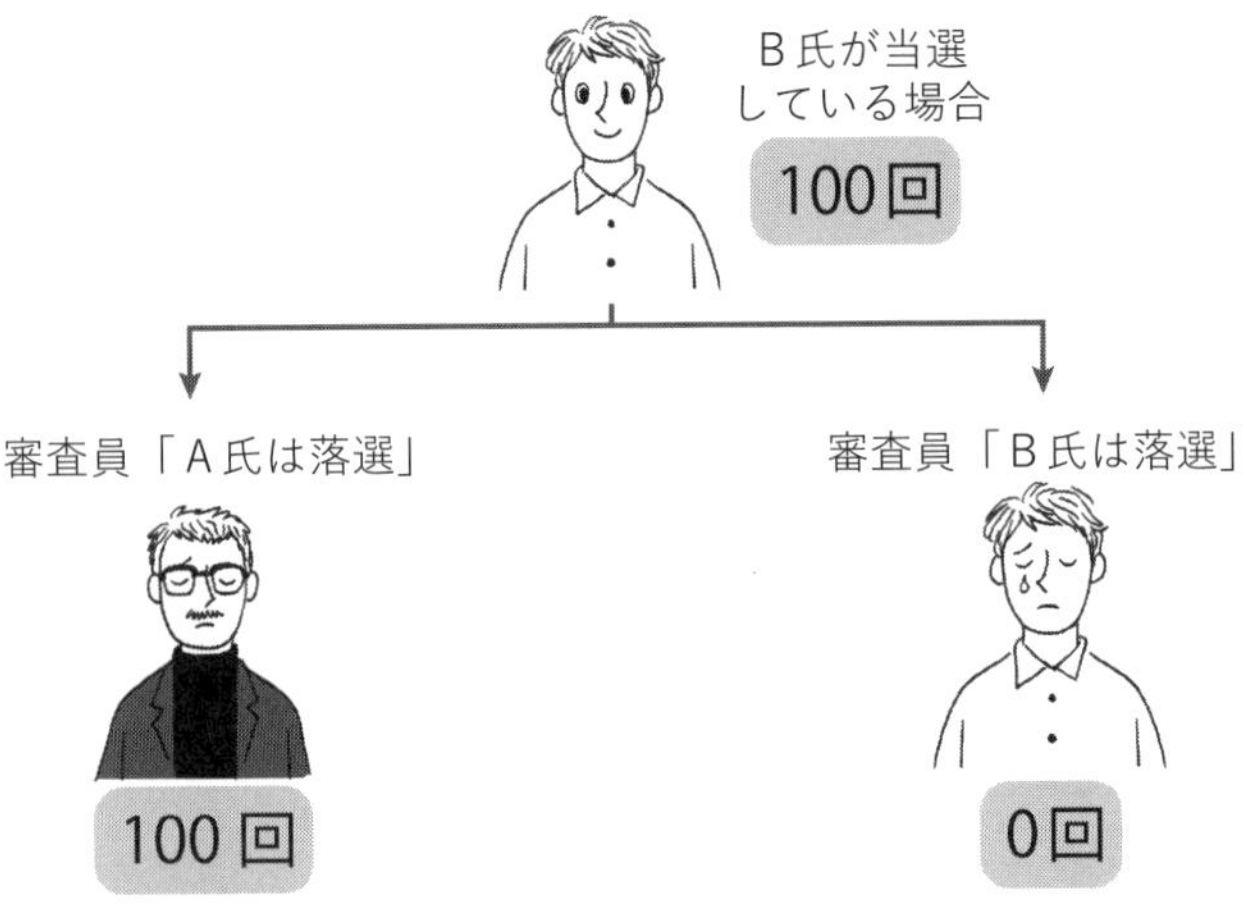

が「Ｂ氏の案は落選です」という回数を数えてみましょう。

審査員が「Ｂ氏の案は落選です」というのは、Ａ氏の案が選ばれたときの２００回と、あなたの案が選ばれたときの50回です。合計すると２５０回になりますね。


審査員があなたに「Ｂ氏の案は落選です」と電話口で告げたのは、この２５０回のうちの１回ということになります。

次のページの図を見ていただければわかる通り、この２５０回のうち、本当にあなたの案が当選している回数は50回に過ぎません。

残りの２００回はA氏の案が選ばれています。２５０回中50回ですから、確率にして

400回の中でC氏が選ばれていた場合

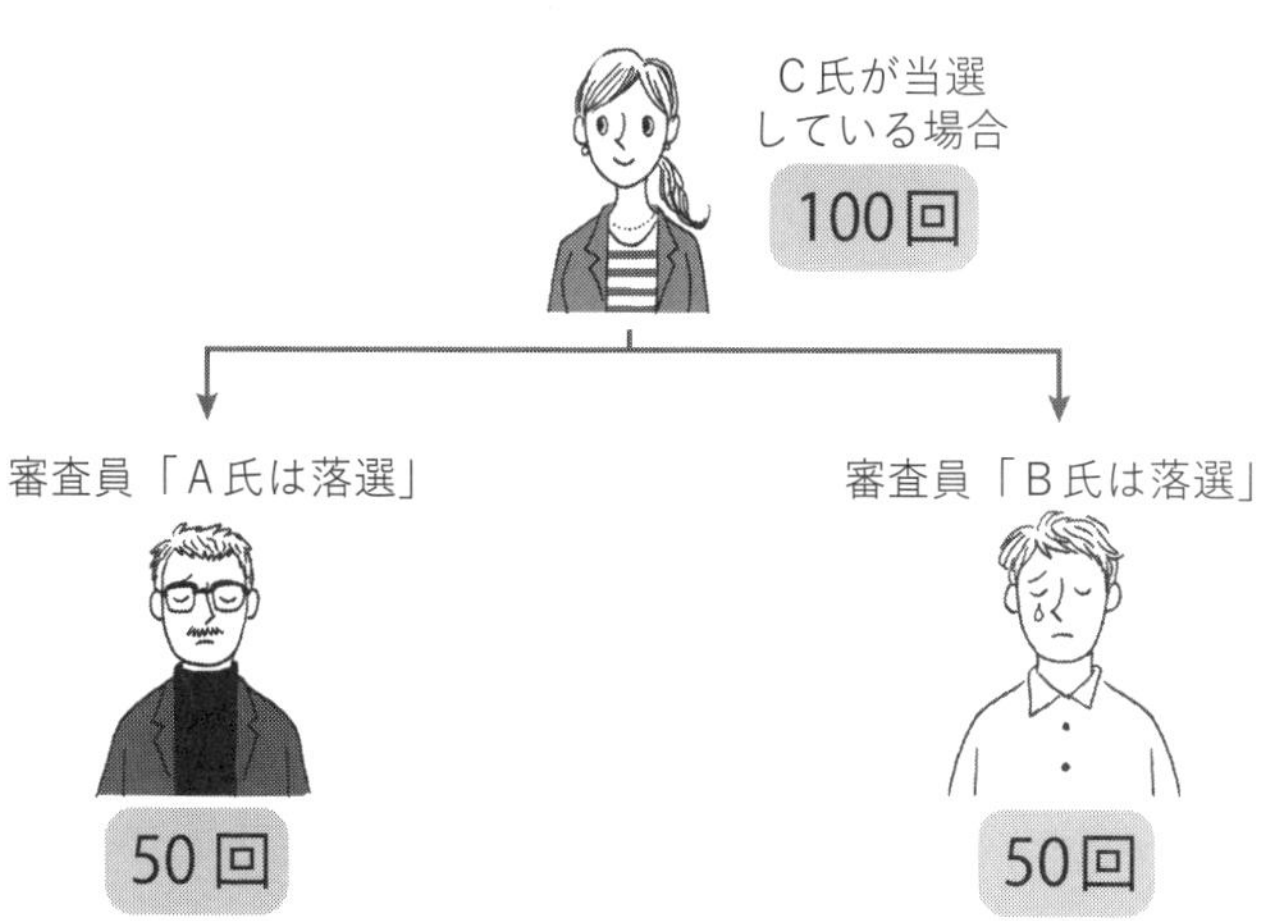

5分の1です。

最初の確率と比べてみましょう。

あなたが選ばれる最初の確率は4分の1ですから、審査員が「B氏の案は落選です」と言った瞬間、あなたが選ばれる確率は上がるどころか5分の1に下がってしまいました。

あなたは結果の一部など聞かないほうがよかったのです。

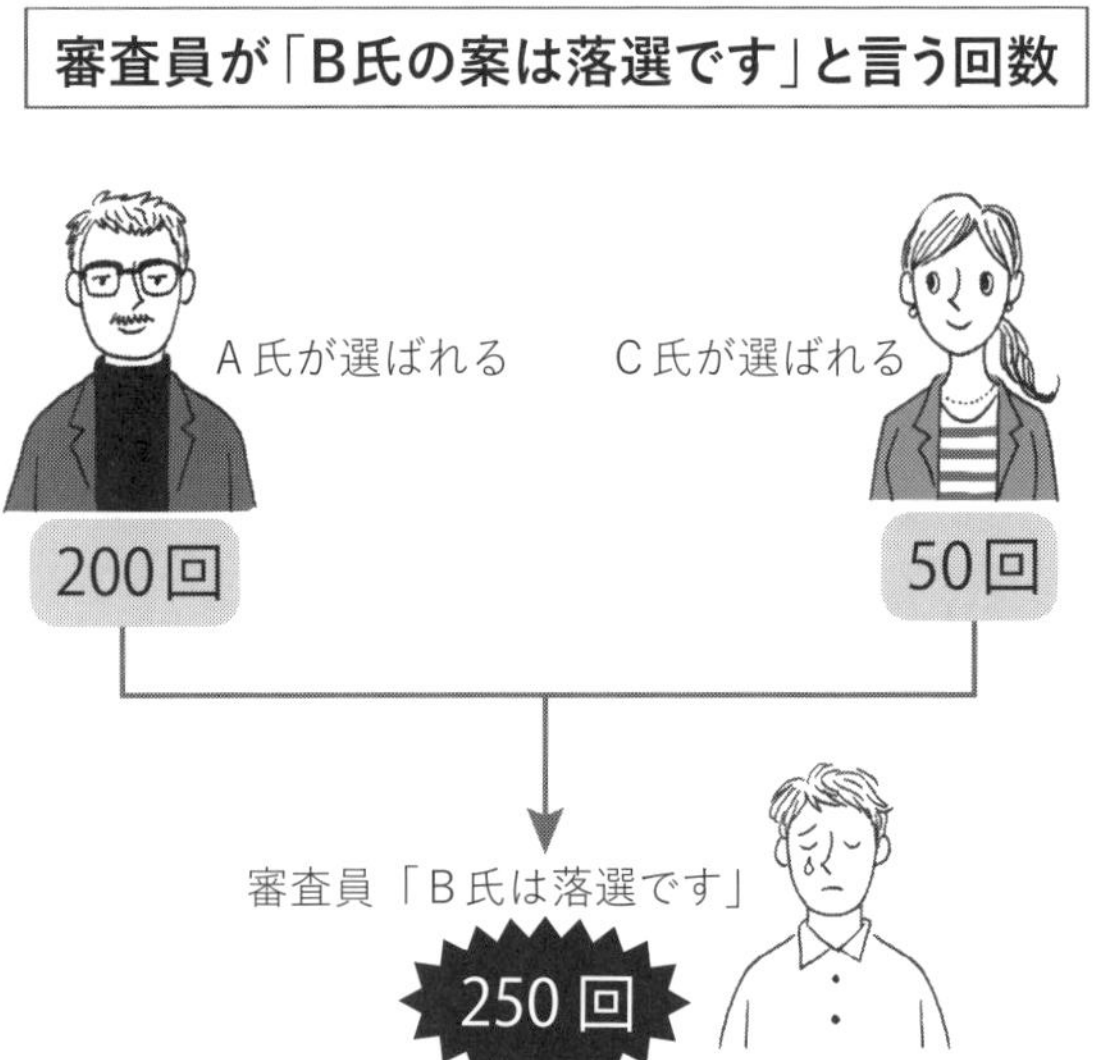

B氏落選を知った結果、確率はどうなった?

B氏の落選を知らないほうが
期待値は高かった…

●「多数回の思考」でモンティ・ホール問題を考える

さて、多数回の試行という考え方で改めてモンティ・ホール問題を考えてみます。

今回は300回試行したと考えます。A〜Cの扉が正解となる確率はそれぞれ100回ずつです。

あなたはすべての回においてAを選択するものとします。

・正解がAの時、モンティがCの扉を開ける確率

このとき、モンティはランダムにBとCから開ける扉を選ぶので、Cの扉を開ける回数は50回です。

・正解がBの時、モンティがCの扉を開ける確率

正解がBの時、プレイヤーが選んだAを開けるわけにはいかないので、モンティは100%のCの扉を開けます。つまり100回です。

・正解がCの時、モンティがCの扉を開ける確率

正解の扉を開くことはありません。よって0回です。

結果、モンティがCの扉を開けるのは全部で150回です。そのうち、Aが正解である回数は50回なので150分の50となり、3分の1という先ほどと同様の答えが導き出されます。

【思考実験No.17】

ギャンブラーの葛藤

突然ですが、1か0をデタラメに100個書いてください。100個が多ければ50個でもいいので、さっとペンを走らせてから次の思考実験をご覧ください。

＊

とあるカジノでルーレットを楽しむ1人のギャンブラーがいました。

男が来てからというもの、ルーレットでは赤ばかりが勝っています。その現象はもう8回目でした。

「……！（赤、か。もう8回も連続で赤だ！　こんなことがあるのか。ならば次は黒だな。なんせ8回連続で赤なのだから、そろそろ黒が出るはずだからだ。いや、まてよ。赤と黒が出る確率は常に半々のはずだ……しかし、8回連続は奇跡的なことだし、やはり次に賭けるのは黒にしよう)」

しかし、9回目のゲームはギャンブラーの男の予想を裏切りました。

「!!(なんだって? 9回連続で赤なのか。こんな場面見たことないぞ。なんという奇跡だろう)」

さらにギャンブラーの男は深く考え始めます。

(しかしまてよ、さすがに次は黒だ。こんな奇跡が続くわけはない。これ以上赤が続くなんてあり得ないだろう! 少なくとも赤よりは黒のほうが少しは有利な状態のはずだ。なんせ赤と黒の出る確率はまったく同じはずだから、これでは赤のほうが出やすいことになってしまうからだ)

10回目のゲームで黒が出る確率は、赤より少しでも上なのでしょうか?

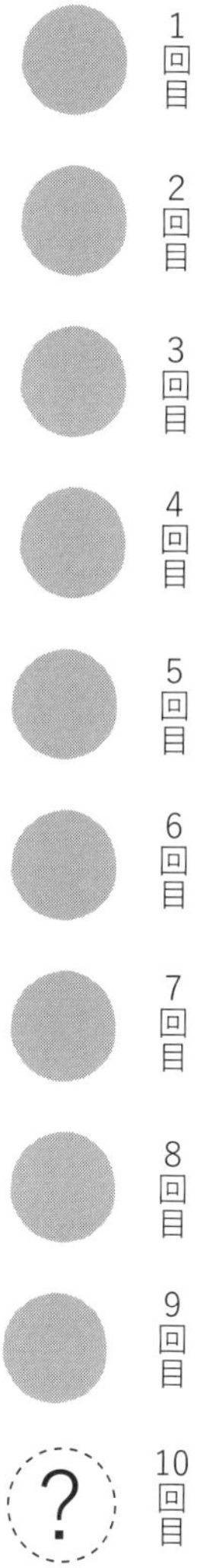

考え方のヒント

冷静に考えれば次に赤が出る確率も、黒が出る確率も等しく2分の1であることは感覚的にわかるでしょう。このギャンブラーはおかしな思考に陥っています。

とはいえ9回も連続で赤が出るのは確かに少し不自然ですし、奇跡的なことと感じるのではないでしょうか。

仮に次も赤が出て10回連続になったと仮定すると、確率的には1024分の1の現象です。かなりの低確率ですね。

●【計算式】

1回目に赤が出る確率・・・・・ $\frac{1}{2}$

2回連続で赤が出る確率・・・・・ $\frac{1}{2}\times\frac{1}{2}=\frac{1}{4}$

3回連続で赤が出る確率・・・・・ $\frac{1}{4}\times\frac{1}{2}=\frac{1}{8}$

4回連続で赤が出る確率・・・・・ $\frac{1}{4}\times\frac{1}{2}=\frac{1}{16}$

5回連続で赤が出る確率・・・・・ $\frac{1}{16}\times\frac{1}{2}=\frac{1}{32}$

6回連続で赤が出る確率・・・・・ $\frac{1}{32}\times\frac{1}{2}=\frac{1}{64}$

7回連続で赤が出る確率・・・・・ $\frac{1}{64}\times\frac{1}{2}=\frac{1}{128}$
8回連続で赤が出る確率・・・・・ $\frac{1}{128}\times\frac{1}{2}=\frac{1}{256}$
9回連続で赤が出る確率・・・・・ $\frac{1}{256}\times\frac{1}{2}=\frac{1}{512}$
10回連続で赤が出る確率・・・・ $\frac{1}{512}\times\frac{1}{2}=\frac{1}{1024}$

しかし考えてみればカジノでは毎日ルーレットを回しているわけですし、1024分の1の確率で起こる現象など、ある程度頻繁に起きてもおかしくありません。ギャンブラーの男はたまたまそこに居合わせただけです。

たとえ10回目にギャンブラーの男が思った通り黒が出たとしても、9回連続で赤が出て次に黒が出る確率を計算するとやはり1024分の1になります。

9回連続で赤が出る確率・・・・ $\frac{1}{256}\times\frac{1}{2}=\frac{1}{512}$
10回目のみ黒が出る確率・・・・ $\frac{1}{512}\times\frac{1}{2}=\frac{1}{1024}$

このような冷静に考えればすぐにわかることにも人は流されがちです。なぜ人は10回連続で赤が出ることを奇跡と感じるのでしょうか。

例えば「赤、黒、黒、赤、黒、赤、赤、赤、黒、黒」ならどうですか？　何となくランダムに見えて自然に感じます。少なくとも10回連続で赤よりはこちらのほうが起こりやすそうです。

どちらのほうが珍しい現象？

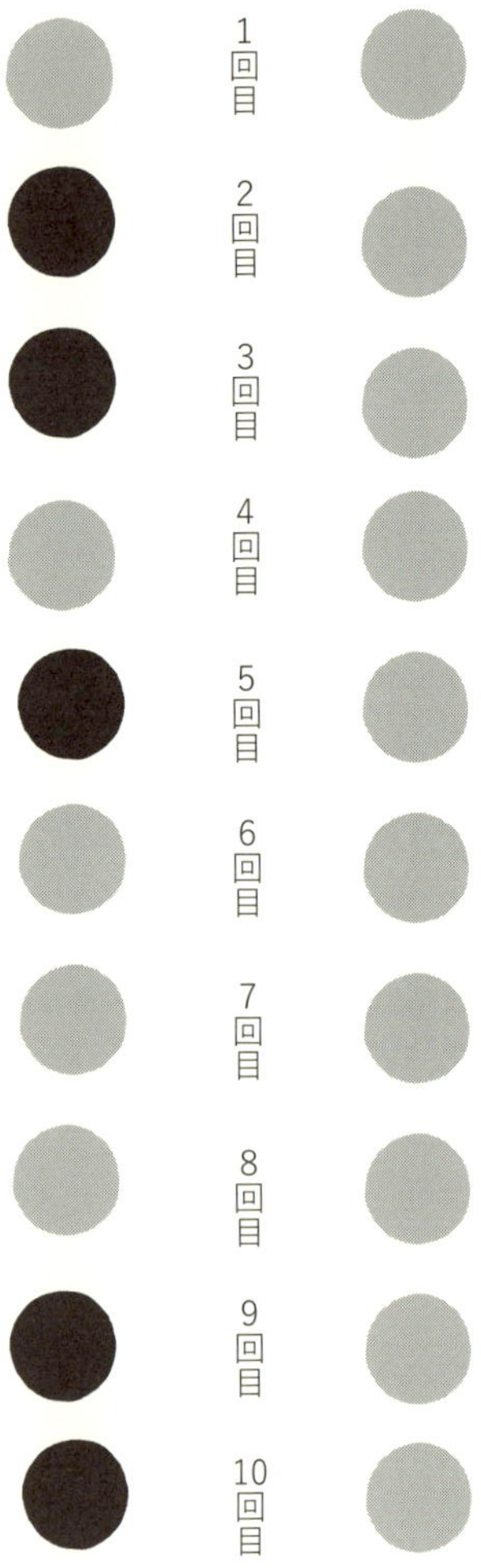

しかし、確率を計算するとどちらも1024分の1の確率で起こる現象なのです。同じ確率にもかかわらず、赤が連続して10回出ることを奇跡と呼び、赤と黒が入り交じった結果には何も感じません。

冒頭で1と0をランダムに100個書いてくださいといいました。今これを見返してみてください。多くの人は1または0を連続して6個も7個も書くことがありません。

ですが、実際にコイントスやさいころなどで実験してみると、意外と同じ数が続くものです。時には先ほどのギャンブラーの話のように9個も10個も続くことがあるかもしれません。

しかし紙にランダムに書いてくださいというと、不自然なまでに一貫性のない数字の並びを作り上げます。

赤が10回続くより、赤と黒が混ざった結果のほうが起こりやすそうと感じ、ランダムに数字を並べたら実際よりもバラバラな並びを作り出す。その理由は何なのでしょうか？

それは、それこそが典型的なデタラメであるという思い込みがあるからです。彼らこそがデタラメ界の代表選手です。代表選手たちに対して、人はより起こりやすそうと感じます。そうでない事象にはなかなか起こり得ないと感じてしまうのです。

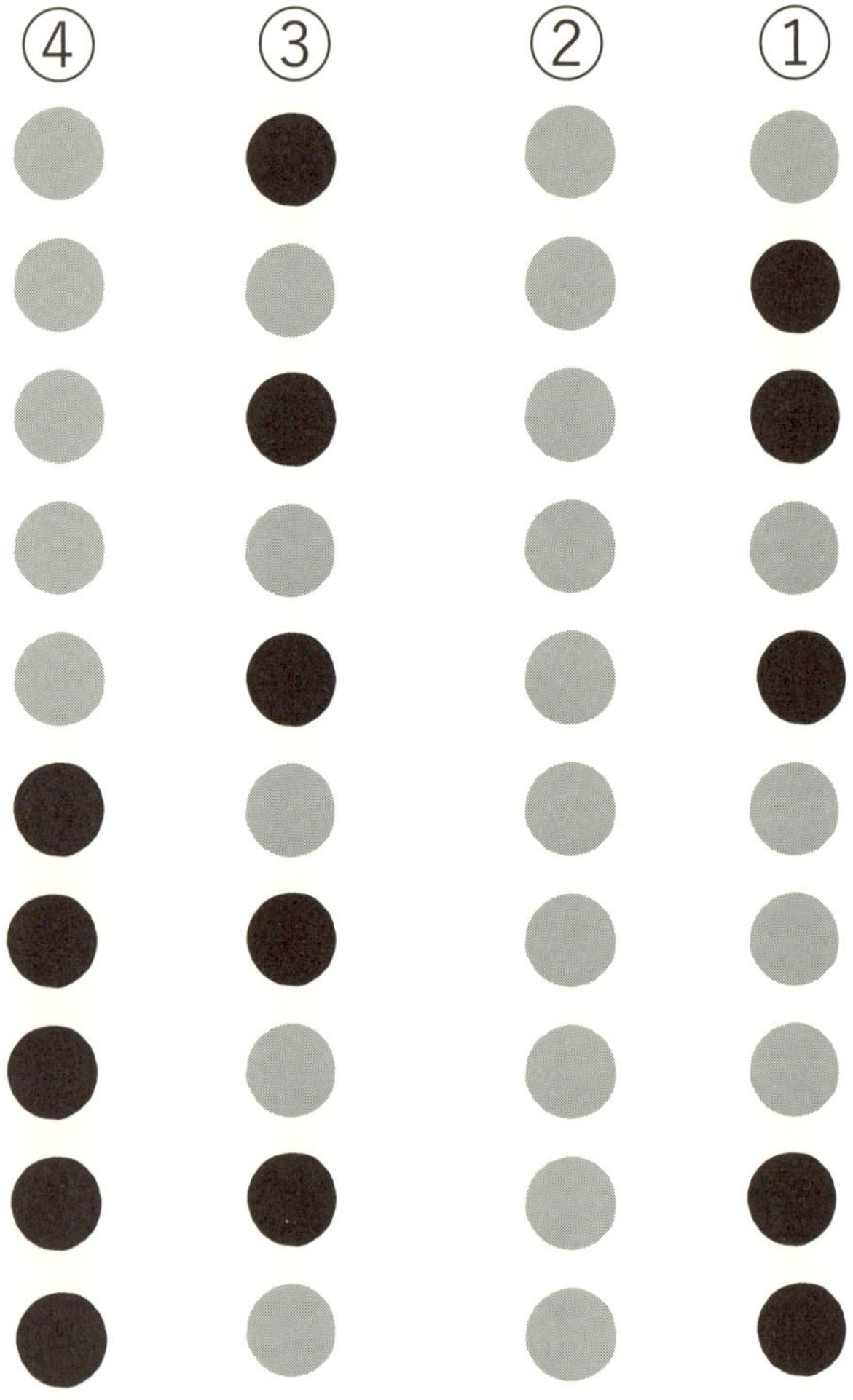
④
③
②
①

この4つのうち、最も起こりやすそうと感じられるのはどれでしょうか。

ここまで説明をしてきたので、どれも起こる確率は同じということはわかっているとしても、理屈抜きに感覚に頼ればきっと1か3と答えたくなるでしょう。

この4つを並べて道ゆく人に「どれが起こりやすそうですか」と聞けば、最も票を集めるのは1で、次いで3、その次に4、最も人気がないのが2になるはずです。1が最もデタラメっぽいからです。

同種の思考をもう1問の思考実験で感じてみてください。

【思考実験No.18】

トランプの奇跡

レイコはある朝、コーディネートに少し悩んでいました。そこで、トランプで決めようと思い立ちました。

（あれこれ悩むのも時間がかかるし、ここは運をカードに任せてみようかしら。トランプの束から4枚のカードを引いて、赤いカードの数が3枚か4枚だったら新しく買った服を着て出かけよう、赤いカードが1枚か2枚ならこっちの服にしましょう）

レイコはさっそくトランプの束からランダムに4枚のカードを引きました。

すると不思議なことが起こりました。引いたカードはハートのA、スペードのA、クローバーのA、ダイヤのAです。なんとエースが4枚そろったのです。

赤いカードが2枚だったとか、そんなことはどうでもいいことのように思えました。それよりもずっと奇跡的なことが目の前で起こったのですから。

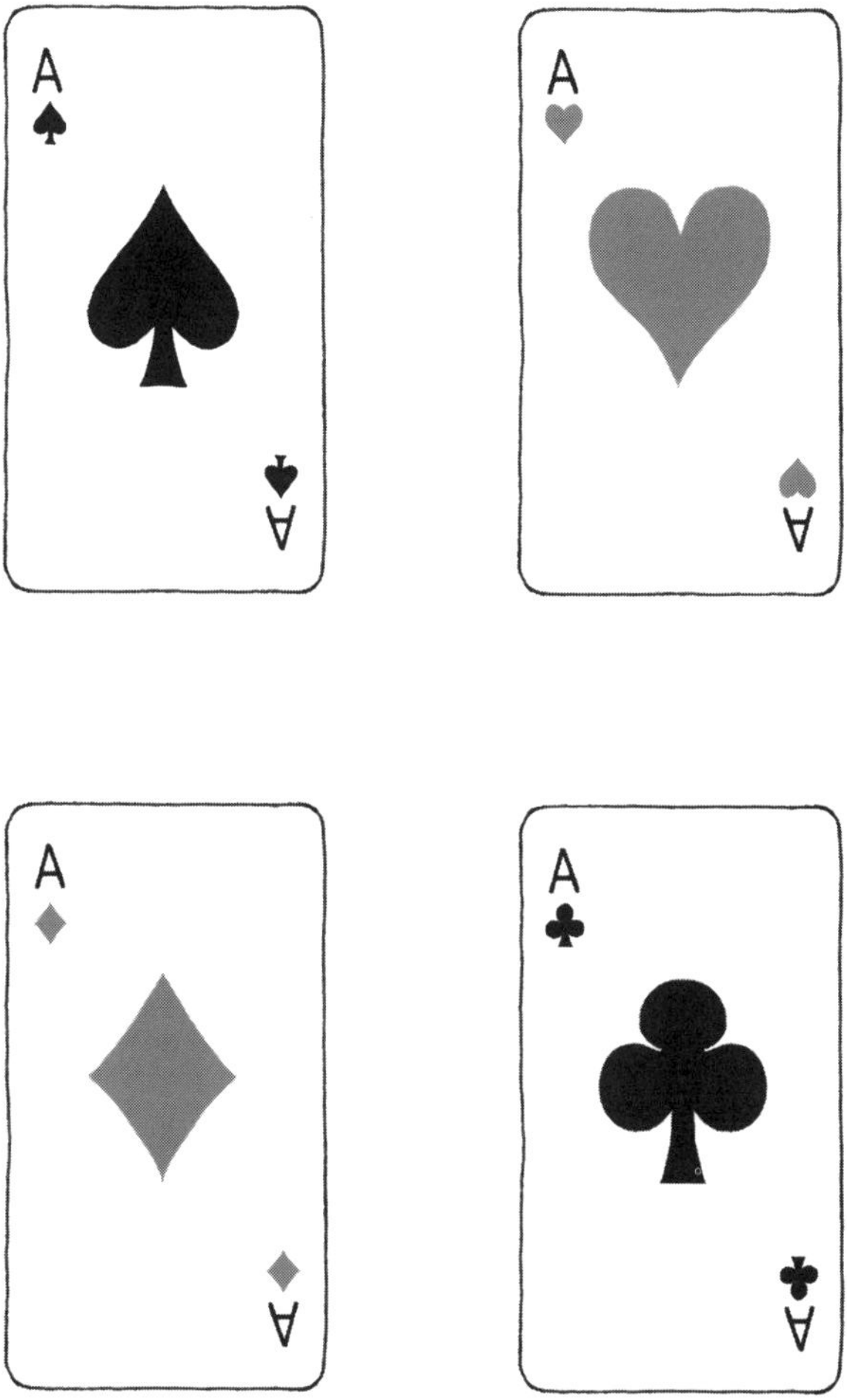
A
A
A
A
A
A
A
A

考え方のヒント

トランプの中からランダムに4枚を引いたとき、エースが4枚出てきたらどう感じるでしょうか。とにかく、なにか不思議なことが起きたことだけは確かだと思うのではないでしょうか。

では、同じようにランダムに4枚引いて「スペードの3、ダイヤの8、ダイヤの11、ハートの2」だったとしたらどうでしょうか。

これはまったく何も感じないでしょう。デタラメで、ありそうなカードの並びと感じるからです。

先ほどのギャンブラーの思考実験の、「デタラメ界の代表選手」が現れたのです。4枚ランダムに引けばだいたいこんなふうになると感じます。4枚ともエースであった場合とどちらも同じ確率で起きる現象にもかかわらずです。

人は自然現象に不自然なまでのデタラメを求めているようです。

しかし実際には、赤が10回続いても自然なことですし、トランプで同じ数がそろうこともあれば、年末ジャンボ宝くじで「123組456789番」が当選しても、話題にはなるでしょうがおかしな事ではありません。

どんな結果も起こる確率は同じですから、錯覚を起こさないように気を付けたいものです。

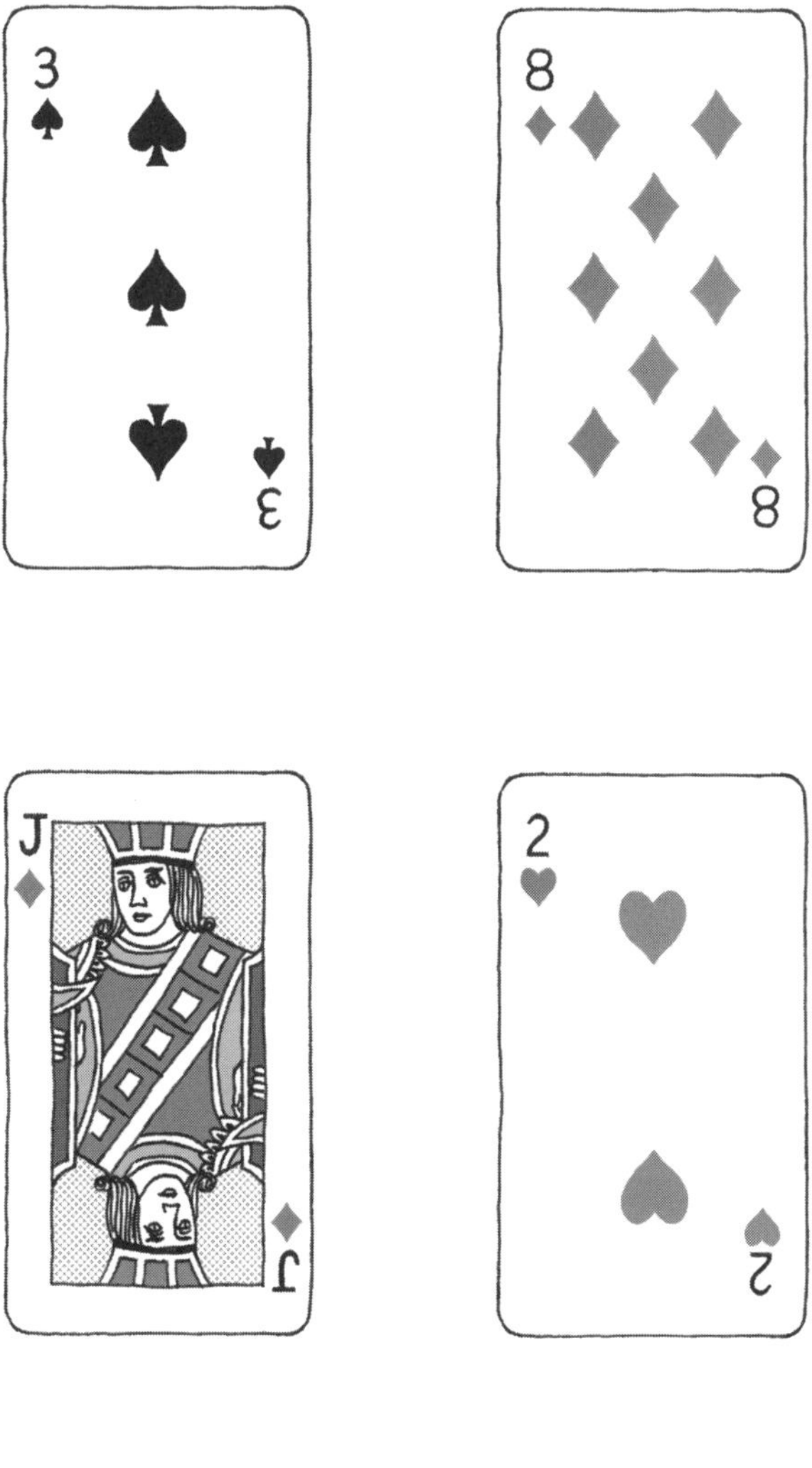
3
8
J
2

【思考実験No.19】

カードの表と裏

まずは次の問題を解いてみてください。

＊

ここにA～Fの6枚のカードがあります。カードには次の法則があります。

【法則】

・偶数が書かれたカードの裏には必ずハートの絵が描かれている。

さて、すべてのカードがこの法則に当てはまっているかを確かめるためには、少なくともどのカードをめくる必要がありますか。すべて答えてください。

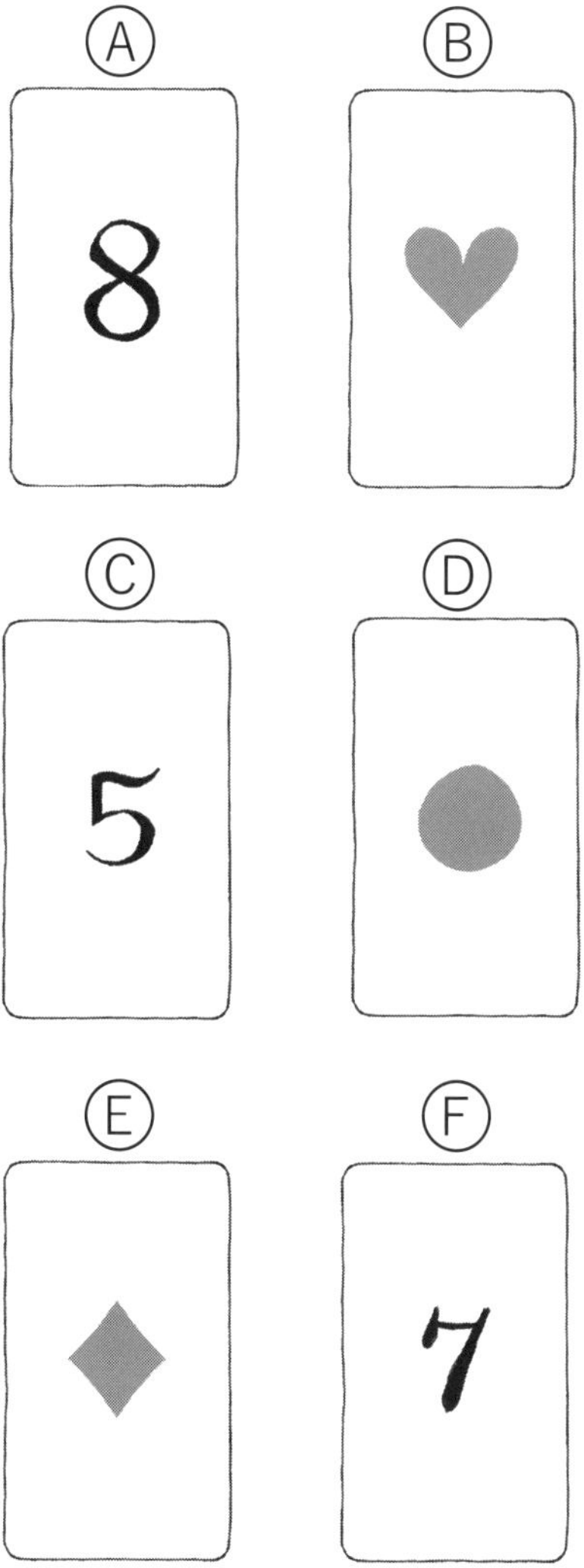

答えは出ましたか。その答えは覚えておいてください。

この問題をわかりやすくするためにもう1問、次の問題を作りました。この問題の解説の前にまず次の問題で思考実験です。

【思考実験No.20】

見抜く質問

思考スマイル塾では、英会話の講師登録の条件が英語圏での生活が2年以上の人となっています。

この条件が正しく守られているかどうかを確かめるために、A～Dの誰に英語圏での2年以上の生活の有無または思考スマイル塾で講師を行っているかの質問をする必要がありますか。すべて答えてください。

Aさん…思考スマイル塾の英会話講師
Bさん…アメリカで10年間生活していた
Cさん…海外生活の経験はない
Dさん…雑貨屋の店員

考え方のヒント

先ほどの問題より、具体的な例なのでわかりやすいかと思います。Aさんから順に1人ずつ考えていきましょう。

まず、Aさんには「英語圏での生活が2年以上ありますか」と聞く必要がありますね。英語圏での生活が2年以上あることが思考スマイル塾講師の条件なので、これは確認の必要があるからです。

次に、Bさんの場合はどうでしょうか。Bさんはアメリカで10年生活をしていた経験があります。よって、思考スマイル塾の英会話講師になる条件は満たしています。では、「思考スマイル塾の英会話講師ですか?」と聞く必要はあるでしょうか。Bさんは、条件を満たしているだけで、別段どんな職業についていたとしても構いませんので聞く必要がありませんね。よって質問する必要はありません。

Cさんはどうでしょう。Cさんは海外生活の経験はありません。よって、Cさんは思考スマイル塾の英会話講師にはなれないはずです。つまり、Cさんに「思考スマイル塾の英会話講師ですか?」と聞いて、「はい」と答えられては条件に反するわけです。つまり質問の必要があります。

最後にDさんですが、これは質問の必要がないことが感覚でわかりますね。雑貨屋の店員ですから、思考スマイル塾とは何ら関係はありません。

よって、この問題の正解は、AさんとCさんです。

この問題は最初に出題したカード問題のウォーミングアップ的問題として用意したものです。多少カード問題を理解しやすくなったと思います。では早速カード問題の解説に移りましょう。

No.19の解説

カード問題も、Aのカードから1枚ずつ考えていきます。

●A（8）をめくる必要があるか？

「偶数が書かれたカードの裏には必ずハートの絵が描かれている」のですから、偶数である8の裏にはハートの絵が描かれている必要があります。よって、それを確認するためにAのカードをめくる必要があります。

●B（♥の絵）をめくる必要があるか？

Bは直感で考えると間違えやすい選択肢です。

「偶数が書かれたカードの裏には必ずハートの絵が描かれている」という条件から、すべてのハートの絵の裏には偶数が書かれているかのような錯覚を覚えがちです。

しかし実際には、条件では「偶数が書かれたカードの裏には必ずハートの絵」と書いてあるだけで、「ハートが描かれたカードの裏には必ず偶数」とは書かれていません。奇数が書かれたカードの裏にハートが描かれていても、偶数の裏さえハートの絵ならば問題はないのです。

つまり、ハートの絵の裏は偶数でも奇数でも構いませんので、めくって検証する必要はありません。

●C（5）及びF（7）をめくる必要があるか？

5と7は奇数です。条件では、奇数については一切触れていません。条件に何も書かれていない以上、奇数の裏がハートであっても、その他の絵であっても構いませんので、検証の必要はありません。

●D（●）及びE（◆）をめくる必要があるか？

「偶数が書かれたカードの裏には必ずハートの絵が描かれている」のですから、●の絵が描かれたカードの裏が偶数であった場合、偶数のカードの裏に●が描かれていることになるので条件に反します。

Eのカードも同様です。よって、DおよびEのカードはめくって検証する必要があります。

よって、カード問題の答えはA、D、Eとなります。おそらくAとBと答えた方が多かったのではないかと思います。

私がとある取引先の会社の方5、6人に試したところ、全員がAとBと答え、混乱してしまいました。

別の機会に試した際、その人は「爽快に引っかかった！」と笑いながら話してくれました。それだけ間違えやすい問題なのです。

もちろん、非常に間違えやすい問題であると先に伝えておいたり、これは間違えやすい問題かもしれないと気づくようにしておいたりと、警戒心を与えたなら、間違える確率は減ったでしょう。

人はある法則があるとき、それに当てはまるものを探すのは比較的得意ですが、逆に当てはまらない例を考え、注意深くそれを思考することは得意ではないようです。

類似の思考実験をもう1問出題します。少しややこしいので、実際の様子を想像しながら考えてみてください。

【思考実験No.21】

注文伝票の裏側

とあるカフェでは、毎月10日に女性客限定でスイーツを半額にしています。そのため、毎月10日はほとんどの女性客がスイーツを注文します。

7月10日の閉店後、従業員の1人がオーナーに言いました。

「すごいですよ。今日はコーヒーを注文しなかった女性客の全員がスイーツを注文したんです」

ここに注文伝票が7枚置いてあります。従業員はこの伝票はいずれも1人客のものだと言います。注文伝票の裏には、訪れた客の性別が手書きで書いてあり、表にはもちろん、注文したメニューが記載されています。

従業員が言ったことが正しいのかを確かめるためには少なくともどの注文伝票をひっくり返す必要がありますか。

A・女性
B・男性
C・パンケーキバニラアイス添え
D・ハンバーグステーキとライス
E・コーヒーとハムエッグとハンバーガー
F・紅茶とショートケーキ
G・ストロベリーパフェとコーヒー

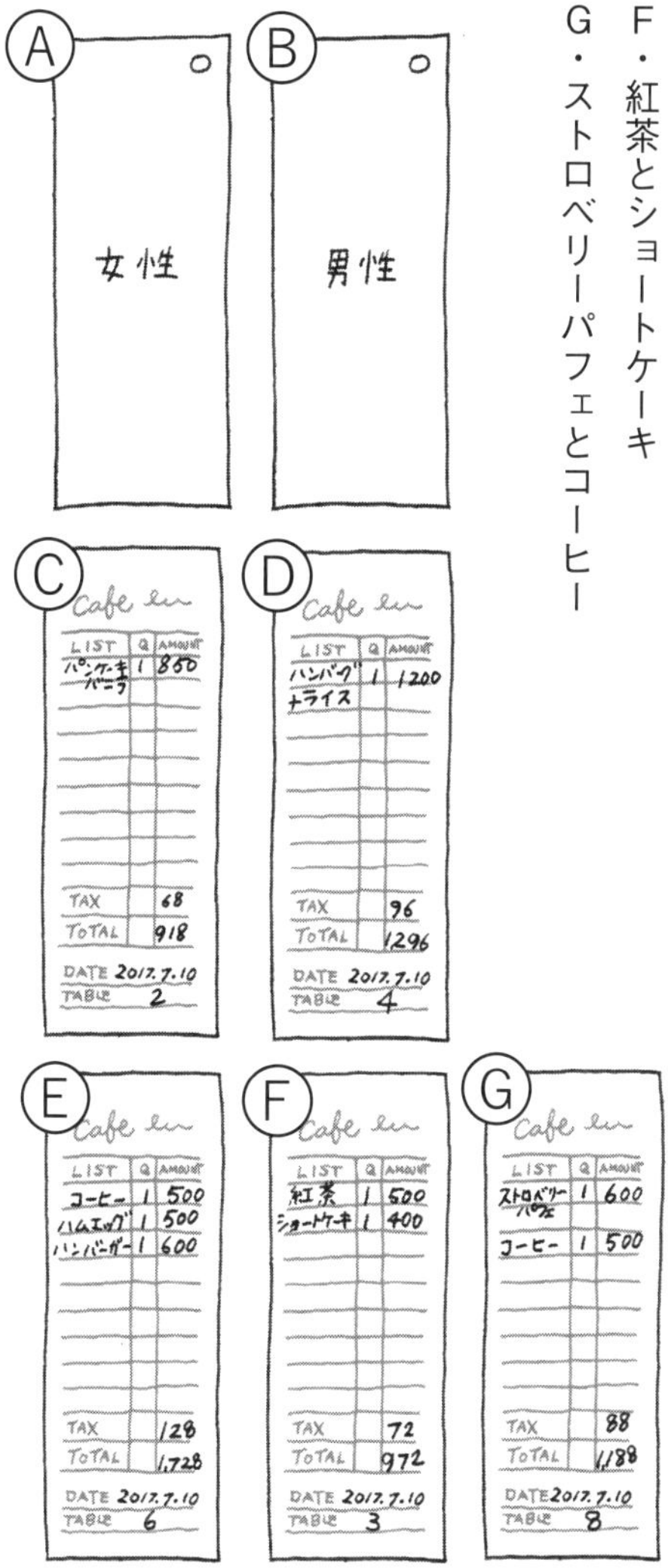

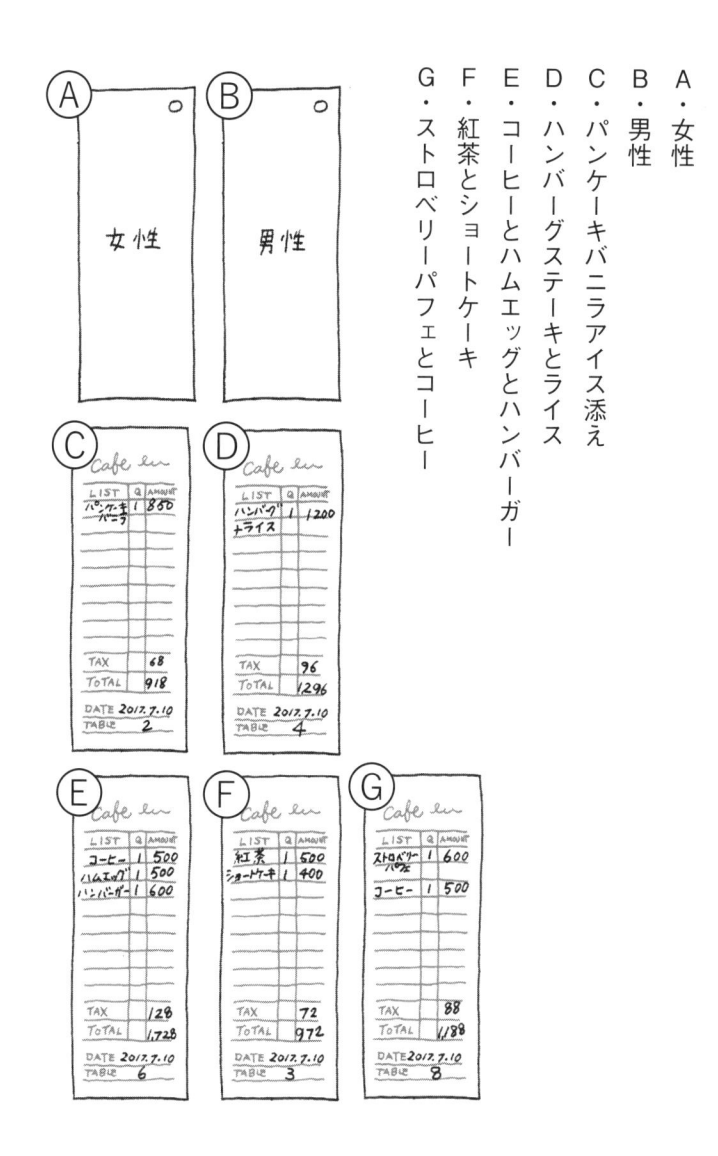

少しややこしいかもしれませんが、よく考えてみてください。

AとBは裏にメニューが、C～Gの裏には男性か女性かが書かれています。

「コーヒーを注文しなかった女性客の全員がスイーツを注文した」という言葉が正しいかどうかを確かめるということを頭において、Aから順に想像してみてください。

考え方のヒント

では、1つずつ思考実験をしながら考えてみます。まず、「コーヒーを注文しなかった女性客の全員がスイーツを注文した」という文を視覚化できるように図に表しました。

これでずいぶん考えやすくなったと思います。

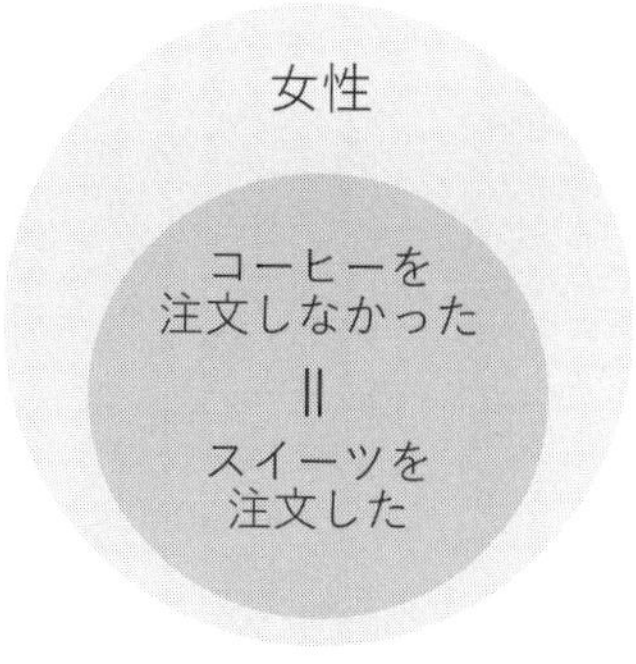

●もし、Aの裏がスイーツまたはコーヒーではなかったら

Aの紙には女性と書かれています。

もし、表に「オムライス」とだけ書かれていたらどうでしょう。これは従業員が言っていることと矛盾します。コーヒーを頼まなかった女性客全員がスイーツを注文しているはずなので、コーヒーを頼んでいないとしたら、「バニラアイス」だとか、「シュークリーム」だとか、スイーツの名前が書かれていなければなりません。

もし、「コーヒーとミートスパゲッティ」や「コーヒー単品」など、コーヒーが注文されているならスイーツがなくても大丈夫です。 つまり、 検証の必要があるので、 Aはひっくり返す必要があります。

●もし、Bの裏がスイーツまたはコーヒーではなかったら

男性客が何を頼んでいようと、従業員の話とは関係がありません。スイーツだろうとコーヒーだろうとなんでもいいので、 Bの注文伝票をひっくり返す必要はありません。

●もし、Cの裏が女性ではなかったら

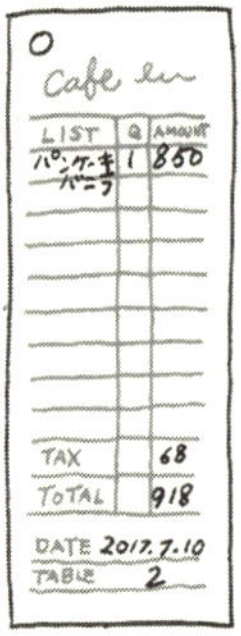

パンケーキバニラアイス添えはスイーツです。 従業員は「コーヒーを注文しなかった女性客の全員がスイーツを注文した」と言っています。

確かにコーヒーは注文していませんし、裏に女性と書かれていても従業員の話と合致します。

ただ、 男性がスイーツを注文しないというわけではありませんので、 裏に男性と書かれていたところで問題はありません。

これは間違えやすい選択肢であると思いますが、 男性でも女性でも構わないのでひっくり返

す必要はありません。

●もし、Dの裏が女性ではなかったら

Dの客の注文は「ハンバーグステーキとライス」です。スイーツと関係ないからめくる必要はない、と考えた方は、もう少し深い思考が必要です。

Dの注文伝票の裏に「女性」と書かれていたらどうでしょうか。コーヒーを頼まなかった女性客全員がスイーツを注文しているはずなので、「ハンバーグステーキとライス」と書かれた注文伝票は男性のものでないと困ります。つまり、Dの注文伝票はひっくり返す必要があります。

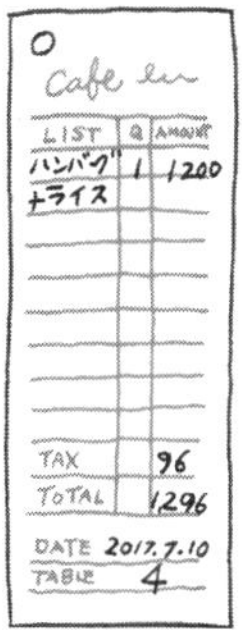

●もし、Eの裏が女性ではなかったら

Eの客の注文は「コーヒーとハムエッグとハンバーガー」です。コーヒーを注文していますので、女性客であっても条件に反することはありません。

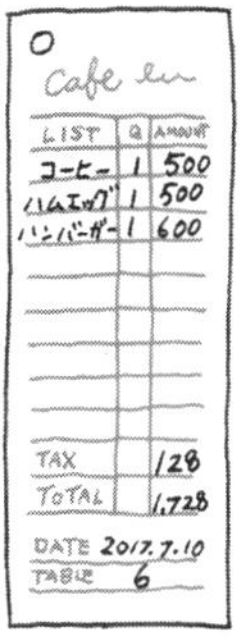

よって、Eの注文伝票はひっくり返す必要はありません。

●もし、Fの裏が女性ではなかったら

Fの客の注文は「紅茶とショートケーキ」です。スイーツを注文しており、コーヒーを注文していないので、女性客が注文していたとすれば条件に当てはまります。

しかしCと同様に男性客が注文していても構いませんので、この注文伝票をひっくり返す必要はありません。

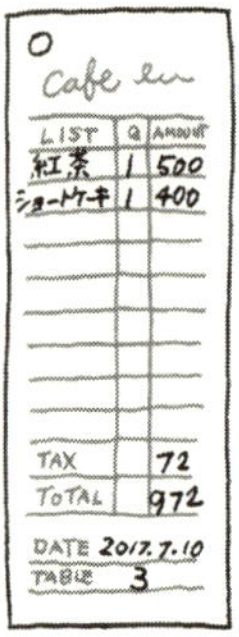

●もし、Gの裏が女性ではなかったら

Gの客の注文は「ストロベリーパフェとコーヒー」です。この客はコーヒーを頼んだうえでスイーツも注文しています。従業員の話では、コーヒーを頼んだ客についての言及は特にないので、コーヒーを頼んでいる時点で、他に何を注文していようと関係なく、男性客であっても女性客であっても構いません。つまりGの注文伝票はひっくり返す必要はありません。

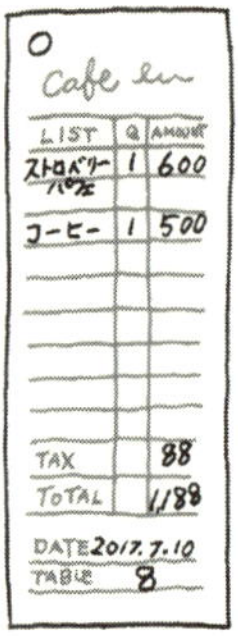

カード問題より少しややこしい条件だったので混乱したかもしれませんが、カード問題よりは実例を想像しやすく、理解はしやすかったのではないでしょうか。

【思考実験No.22】

2つの封筒

ある男があなたの前に2つの封筒を差し出しました。2つの封筒は見た目ではまったく違いがなく、触れてみても見分けはつきません。

男は言いました。

「2つのうちどちらかの封筒をあげましょう。

封筒の中には紙が入っており、その紙には数字が書かれています。1つの封筒に入っている紙は、もう1つの封筒に入っている紙の2倍の数字が書かれています。

書かれている数字の分だけお金を受け取ることができますよ」

あなたはまったく見分けがつかない2つの封筒から1つを選びました。

すると、男は言いました。

「そちらでいいですか？　もう1つの封筒に取り替えてもいいですよ？

改めて言いますが、1つの封筒に入っている紙は、もう1つの封筒に入っている紙の2倍の数字が書かれています。つまり、封筒を取り替えた場合、あなたが受け取る金額は2倍になるか、または半分になる、ということです。

取り替えるか、そのままでいいか、試しに計算してみてはいかがでしょう。それまで私はここで待っていますよ」

あなたは考えます。

（どう考えても、どちらを取ろうがなんの差もないだろう……。

高いほうの金額が書かれた紙が入っている確率は2つの封筒のどちらも同じだ。つまり確率は2分の1ずつで間違いない。封筒を取り替えても確率は同じなのだから、わざわざ取り替え

外見がまったく同じ2つの封筒

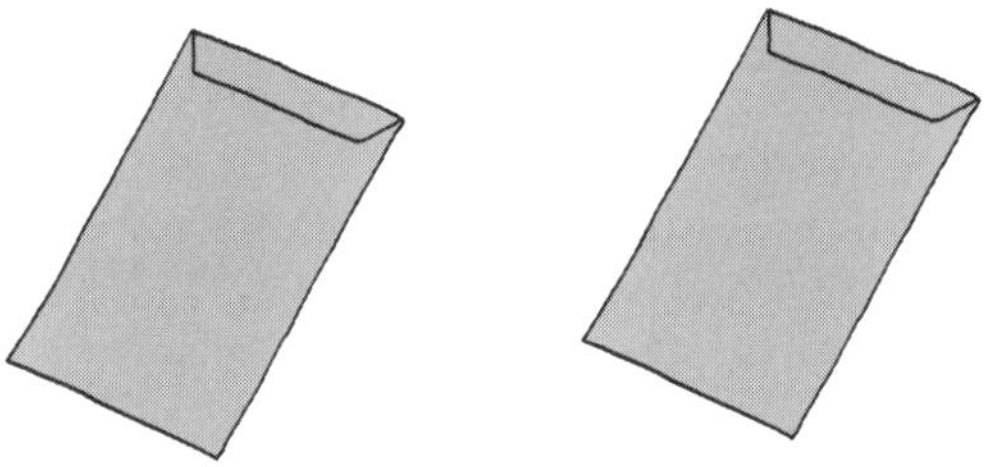

取り替えたら得になることはある？

る必要はないだろう。
でも、まあ時間はあるようだし、計算で確かめてみようか）
あなたは期待値を実際に計算してみることにしました。

期待値とは、起こりうる値の平均値です。この場合は、封筒の交換を非常に多くの回数行った時、平均して得られるであろう額、ということになります。大体このくらい得られるであろうという見込みと考えるとわかりやすいでしょう。

例えば、１回の挑戦に50円支払ってじゃんけんをして、勝った場合のみ１００円もらえるという勝負があったとしましょう。この勝負に挑むかどうかを決めるとき、勝算があるのかと考えますよね。ちょっと計算をしてみましょう。

勝てる確率は3回のうち1回。30回勝負をしたら10回くらいは勝てているはずです。

つまり、30回で１５００円を支払い、10回勝って１０００円を勝ち取る見込みが立ちます。

これが期待値というわけですね。こう考えるとこの勝負は回避するべきです。

期待値は「とりうる値」と「その値をとりうる確率」の積で求めますので、封筒の期待値は次のように求めます。

最初に選んだ封筒（以降、最初の封筒）の中に入っている紙に書かれている数字をXとします。すると、もう1つの封筒の中に入っている紙に書かれている数字は2Xまたは0・5Xです。

最初の封筒を選んだままにすると、あなたが受け取る金額はXで決まりです。封筒を取り替えた場合、2倍の2Xまたは半分の0・5Xとなります。

それぞれについて、もらえる金額の期待値を計算してみます。

最初の封筒のまま変えない場合は必ずX円となるので、期待値はX円です。

もう1つの封筒に変えた場合、期待値は、

2X÷2＋0・5X÷2＝1・25X

となるので、1・25Xだけ多くなりました。取り替えたほうが得ということでしょうか？

わかりやすくするために具体的な金額で見てみます。

最初の封筒に書かれている金額を2万円とすると、もう1つの封筒に書かれている金額は1万円または4万円です。

1万円または4万円ということは、

1÷2+4÷2=2・5

となり、もらえる金額の期待値は2万5000円（2万円の1・25倍）です。最初の封筒のままにするより、平均して5000円も多くもらえることになります。

あれ、おかしいですね。まったく見分けのつかない2つの封筒の片方を選択したはずなのに、取り替えることによって5000円期待値が上がるのです。

最初の封筒から2倍になると2万円得、半分になると1万円損ですから、損する金額より得する金額のほうが多い、つまりローリスクハイリターンと考えれば期待値の上昇も考えやすいでしょう。

何の見分けもつかない2つの封筒なのに、計算上は取り替えたほうが得なのです。

また、もし本当に期待値が上がるとしたら、あなたが初めに違うほうの封筒を手にしていても取り替えたほうが得ということになります。

もう一つの封筒の中身が仮に4万円だったとしたら、最初の封筒の中身は2万円か8万円ということになり、

2÷2+8÷2=5

ですので、最初の封筒の中身は5万円（4万円の1・25倍）となるからです。

初めにどちらを選んだとしても、一度選んでから取り替えたほうがいいということです。

しかも、取り替えた際、封筒を差し出した男が、「これでいいですか？　また、取り替えてもいいですよ？」と言ったとき、あなたは同じ計算をすることになり、また取り替えたほうがいいという計算結果が出ることになり、元の封筒に戻るわけです。

もし、「気が済むまで取り替えていいですよ」と言われたなら、永遠に交換し続けることになってしまいます。取り替えるたびに期待値が上がっていくのでしょうか。１００回も交換し続けたら、とんでもなく多くのお金をもらうことができるのでしょうか。

そんなことあるわけがないと感じたならそれは正しい直感です。確かにそんなはずはありません。これは明らかに矛盾しています。さて、どこに問題があるのでしょうか？

考え方のヒント

計算が間違っていたのでしょうか？　いえ、計算ミスをしたわけではありません。

この2つの封筒問題は、実際と数学的知識を用いた計算結果が違うということで未解決ともいわれるほど難問とされている問題です。

それだけ勘違いが発生しやすい問題です。

もう一度先ほどの計算を見直してみましょう。

どこに問題があったのか、思考を巡らせて間違いを探してみてほしいのです。

ヒントは、計算自体はどこも間違っておらず、計算式自体に問題があるという点です。

計算式に問題がある……けれどどこに?

書かれている数字はX

期待値はX円

書かれている数字は
2X または 0.5X

期待値は1.25X

期待値の計算

$$2X \div 2 + 0.5X \div 2 = 1.25$$

どこかに問題がある?

最初、あなたが選んだ封筒の数字をXとしました。

問題はここです。

わかりやすいように実際に金額を決めて説明をします。

先ほどの計算では、最初の封筒の金額を2万円とした場合、もう1つの封筒の期待値は、

1万円÷2＋4万円÷2＝2万5000円

取り替えれば5000円期待値が上がるという結果になりました。

一見説明は成り立っているように感じます。

では、逆に、もう1つの封筒の金額を2万円として再度計算してみましょう。つまり、取らなかったほうの封筒を基準として考えてみるということです。

もう1つの封筒に2万円が入っているとすると、最初の封筒はその半分の1万円か倍の4万円が入っていることになります。

つまり今度は、最初の封筒の期待値が2万5000円となります。

最初の封筒を2万円として考えると、もう1つの封筒のほうの期待値が5000円高くなります。取らなかったもう1つの封筒を2万円として考えると、今度は最初の封筒のほうが期待

どちらの封筒をX円とするかで取り替えるべきかが変わる

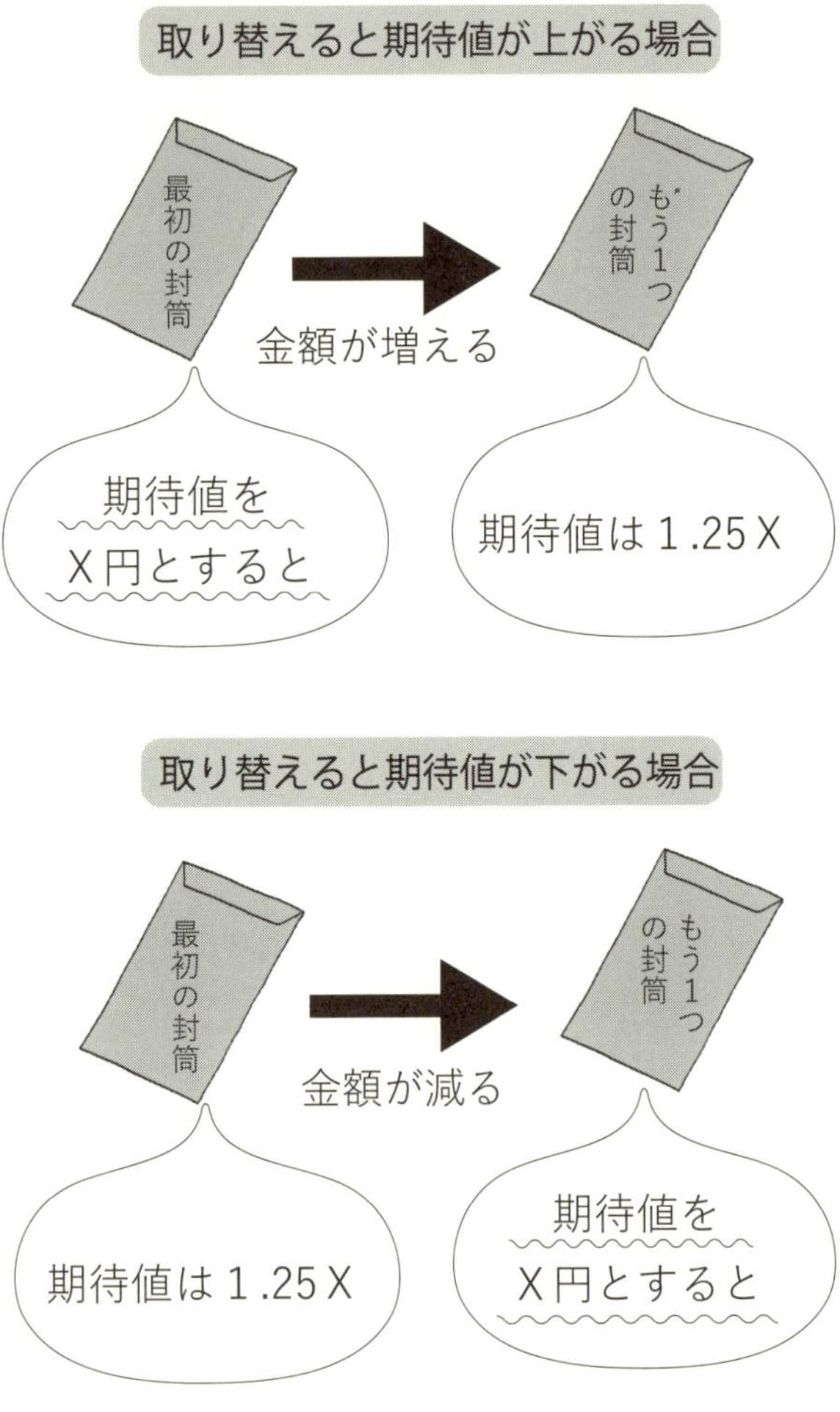

どちらが正しいのか？

値は5000円高く計算されます。

どちらの封筒を2万円とするかによって、取り替えたほうがいいのか、取り替えないほうがいいのかという答えが変わってくるのです。

なぜこのようなことが起こるのでしょうか。

最大のミスは、計算を始める時の設定にあります。最初の封筒の金額をX（または2万円）と決めたことです。

この場合、最初にXや2万円と決めたほうの封筒が損をする計算結果になるのです。

そもそも、封筒を差し出した男は「最初の封筒の金額を見ていいですよ」や、「選ばなかったほうの封筒の金額を見ていいですよ」とは言っていません。

どちらかの封筒の金額をXや2万円と決めてはいけないのです。

最初の封筒の2倍の数がもう1つの封筒に書かれている場合、最初の封筒が2万円でもう1つの封筒が4万円なので、2つの紙はそれぞれ2万円、4万円と書かれていたことになります。

一方、最初の封筒の半分の数字がもう1つの封筒に書かれている場合、最初の封筒が2万円でもう1つの封筒が1万円なので、2つの紙はそれぞれ1万円、2万円と書かれていたことに

封筒の金額の設定

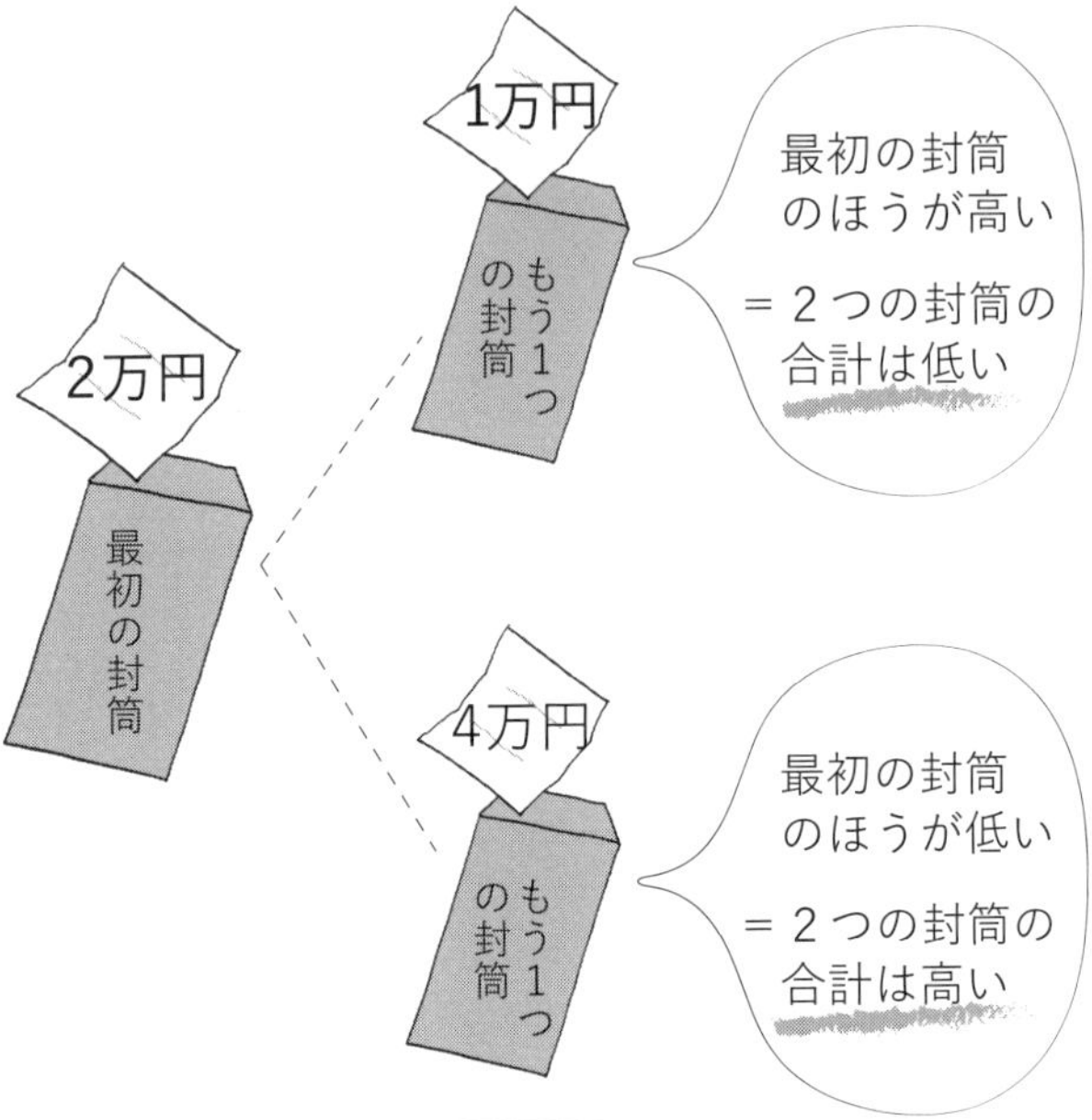

封筒の合計額は低いのかな？高いのかな？
低いのなら最初の封筒のほうが得だな。
高いのなら、もう１つの封筒に
取り替えるべきだ。

この思考は正しい？

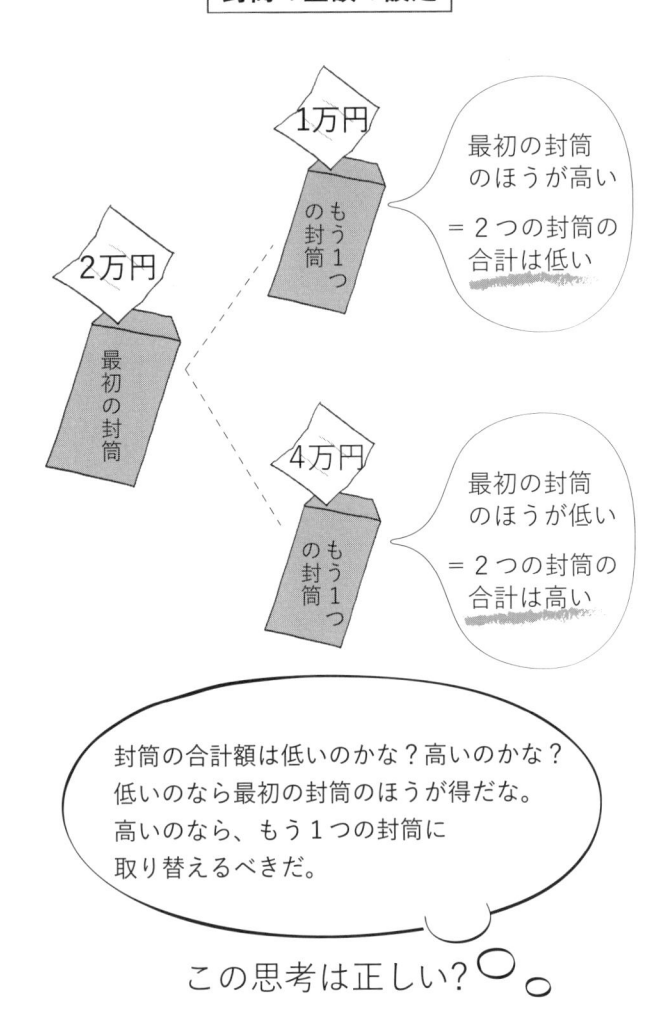

なります。

最初の封筒が損をする場合のほうが必ず双方の封筒の数字の合計が高くなると決めて計算していることになります。

こうなると、取り替えると損をする、得をするというよりも、2つの紙の組み合わせは1万円と2万円なのか、それとも2万円と4万円なのかという賭けにも見えてきます。

そもそも2つの紙の組み合わせはもともと決まっていますから、このような問題は発生しないはずです。この思考は正しくありません。

正しい考え方は、あらかじめ決まっている2つの数字のうち、今どちらを選んでいるか？ということです。

つまり、最初の封筒の金額が1万円で、もう1つの封筒の金額が2万円であるか、反対に最初の封筒の金額が2万円で、もう1つの封筒の金額が1万円であるか、となります。

これならば封筒の金額の合計は変化しません。

これなら期待値を計算しても、双方、

1万円÷2＋2万円÷2＝1万5000円

となり、期待値は同じであるという、実感している結果と変わらないものとなります。

２万円が入っているか、１万円が入っているかの二者択一なのですから、平均して１万５０００円得られるだろう、という計算結果です。実感と一致しますね。

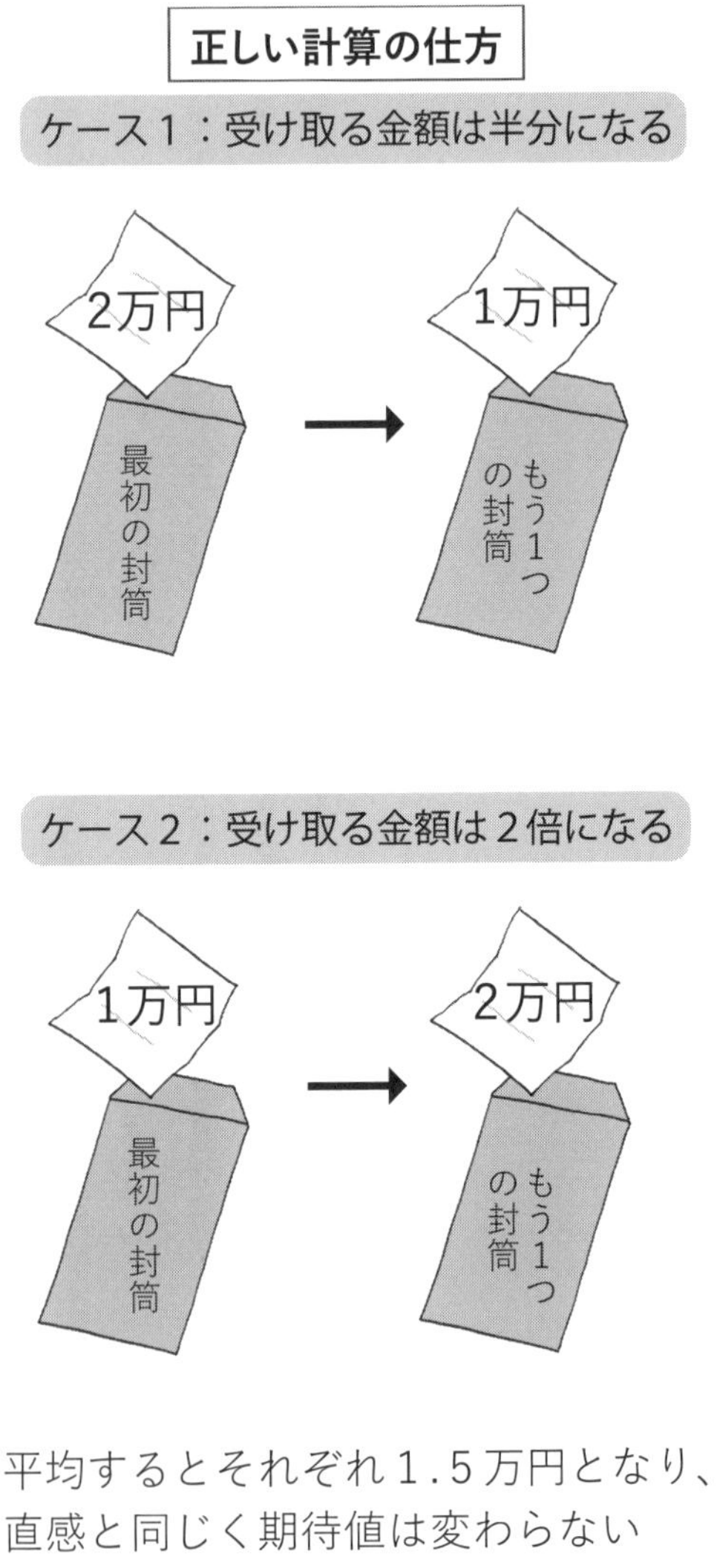

では、元の通りXを使って表してみます。
２つの封筒のどちらを初めに手にとっても、期待値は１・５Xとなります。取り替えたほうが得という結果にはなりませんでした。

正しい計算の仕方2

ケース1：受け取る金額は半分になる

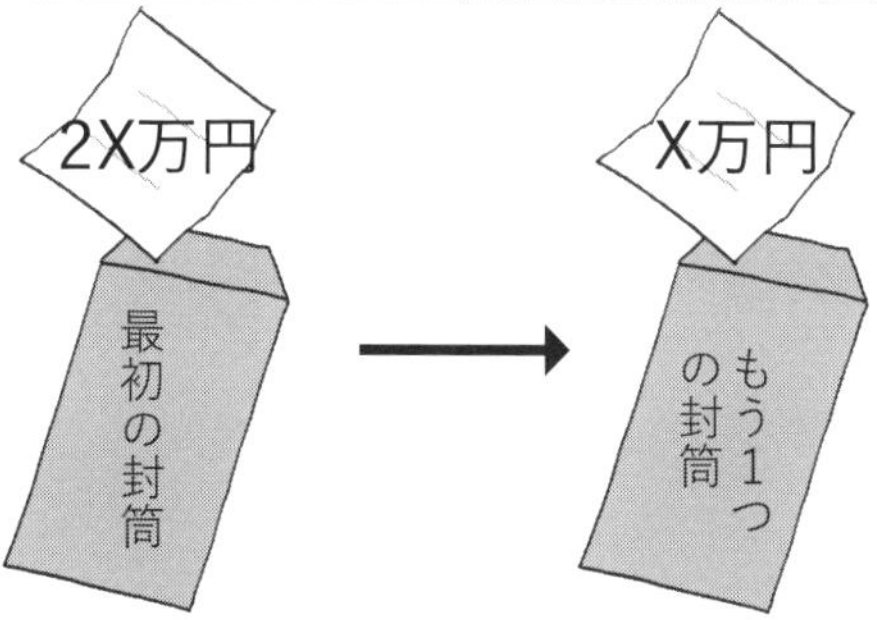

期待値の計算

$$2X \div 2 + X \div 2 = 1.5X$$

ケース2：受け取る金額は２倍になる

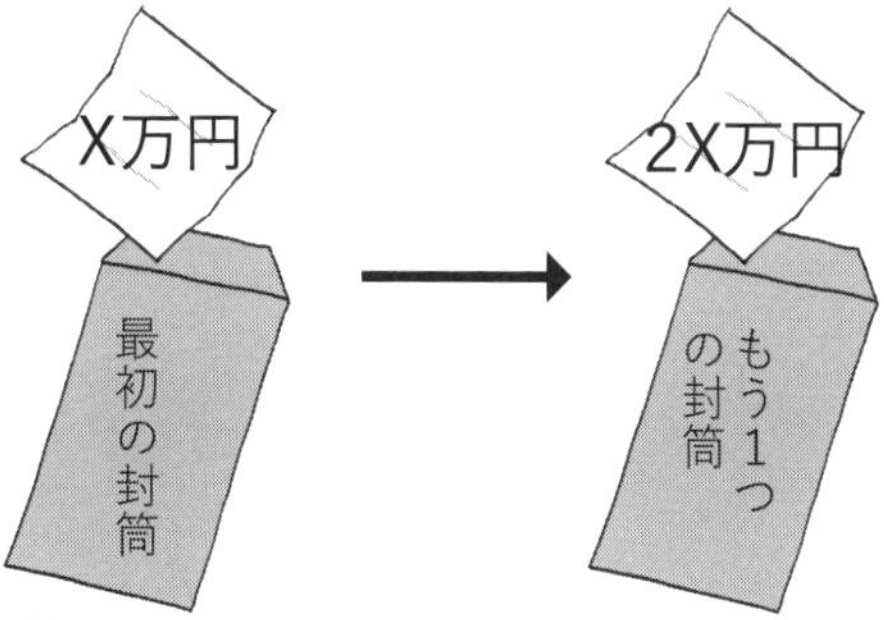

期待値の計算

$$X \div 2 + 2X \div 2 = 1.5X$$

考え方を変えてみましょう。

2つの封筒にはX、または2Xが入っており、最初の封筒にはこのどちらかが入っていて、取り替えるとどちらかに変化します。言い換えると、2倍になるというマークがどちらかの封筒に入っている、とも考えられます。

すると、「封筒を取り替えると半分、または2倍になる」という考えから、「2倍マークはどちらの封筒に入っているのだろう」、に変化します。

これなら2倍や半分に惑わされずに思考できるかと思います。

最初の封筒に2倍マークが入っていたとしたら、もう1つの封筒に取り替えたら2倍マークがなくなってしまうし、最初の封筒に2倍マークが入っていなかったとしたら、もう1つの封筒に取り替えたら2倍マークが入っていることになる。さて、取り替えるべきか？　答えは取り替えても、取り替えなくても確率は同じ、となりますね。

さて、これで2つの封筒問題の解説は終わりです。

では、最初に計算した誤答を導いた計算式は何だったのでしょうか。実はこの計算式が正しくなる問題があります。次の思考実験がそれです。

2倍マークがついていると考える

2倍マークはどちらの封筒に入っている？

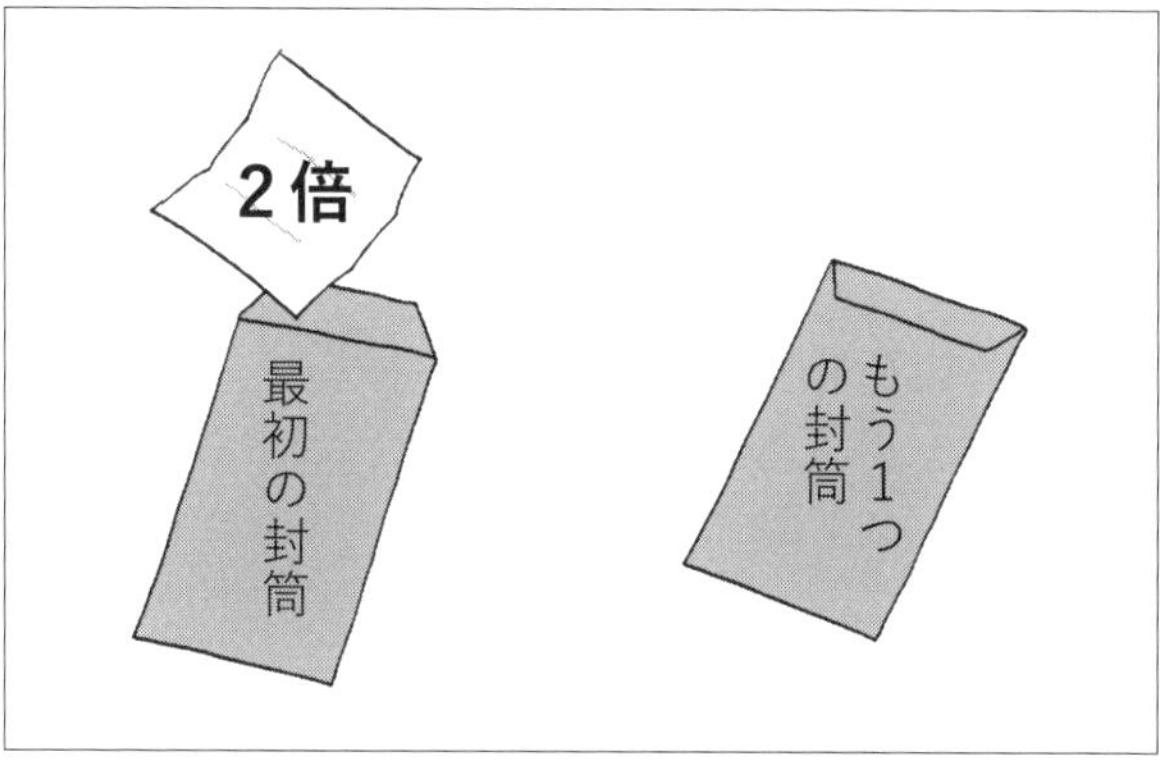

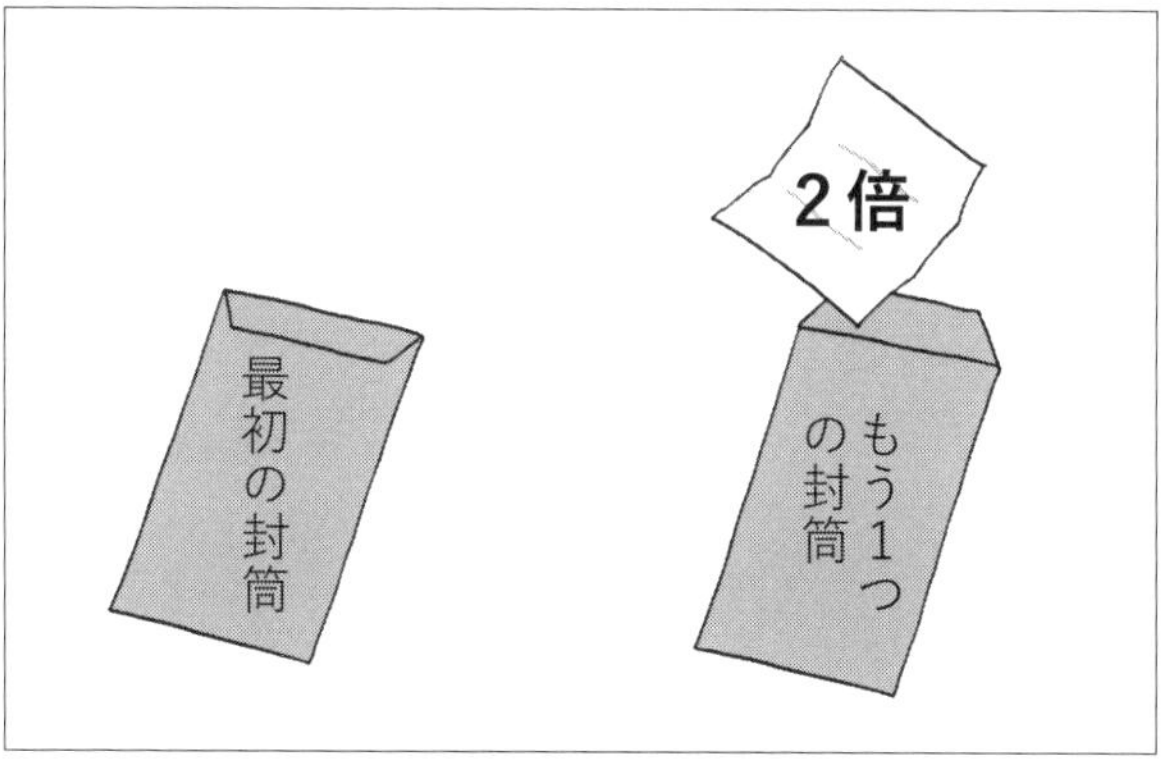

2倍マークがついている封筒を引きあてれば
2倍の金額がもらえる！

【思考実験No.23】

2つの封筒・2

ある男があなたの前に2つの封筒を差し出しました。2つの封筒は見た目ではまったく違いがなく、触れてみても見分けはつきません。

男は言いました。

「2つのうちどちらかの封筒をあげましょう。封筒の中には紙が入っており、その紙には数字が書かれています。1つの封筒に入っている紙は、もう1つの封筒に入っている紙の2倍の数字が書かれています。書かれている数字の分だけお金を受け取ることができますよ」

あなたはまったく見分けがつかない2つの封筒から1つを選びました。

すると、男は言いました。

「そちらでいいですか？　では、その封筒の中身を開いてください。おや、2万円と書かれていますね。さて、もう1つの封筒に取り替えてもいいですよ？」

封筒は交換したほう期待値が上がるのでしょうか？

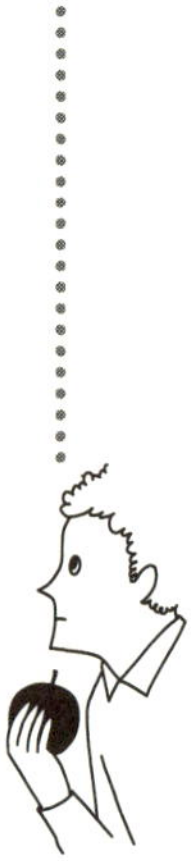

考え方のヒント

先ほどの思考実験との差は1つです。中身を開いて見たということです。

結論から述べますと、その1つの動作で確率は変化し、今度は本当に取り替えたほうが期待値は上がることになります。

開くだけで期待値が変化？　何か引っかかるものがあるかもしれません。

しかし、こう考えてみるといかがでしょう。178ページの図を見てください。最初の封筒を開け、中身が2万円だったとすると、途端にこの思考が正しくなるのです。

問題の設定、つまり前提条件が変われば答えは変わります。

最初の封筒が2万円で決定しているとしたら、

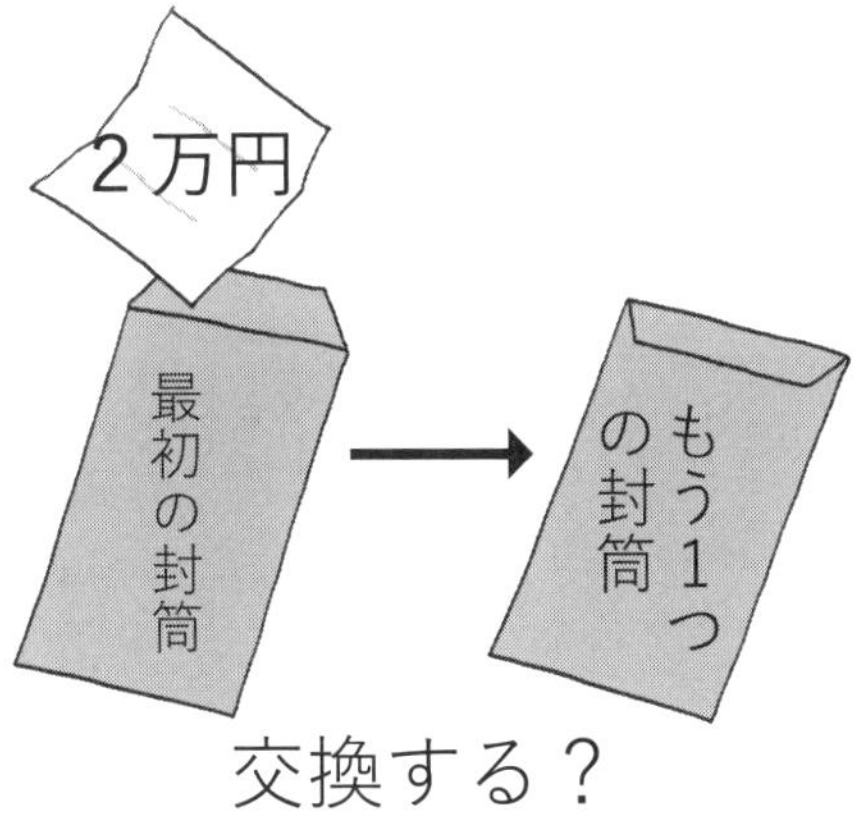

取り替えたほうが期待値は上がります。最初の封筒から2倍になると2万円得、半分になると1万円損ですから、勝てば大きい、負けても小さい勝負となります。

この計算は先ほど同様、どこかで矛盾が生じるのでは？　と思われるかもしれませんが、今度は大丈夫です。

先ほどは、もう1つの封筒を初めに手にしたとして計算すると結果が逆転しました。さらに、永遠に取り替えれば永遠に期待値が上がっていくという奇妙な計算になってしまいました。しかし、本当に最初の封筒を開け、それが2万円だったとすると、このような奇妙な計算にはなりません。

初めにもう1つの封筒を選んでいたとしたら、取り替えれば2万円になるのですから、今手にしている封筒（もう1つの封筒）には1万円か4万円が入っていることが確定します。つまり、今もっている封筒（もう1つの封筒）の期待値を計算すると2万5000円となり、最初の封筒は2万円に決まっているので、無事取り替えないほうが得という計算結果となります。

一方の封筒が2万円に決定している問題の場合、金額が決まっていないほうの封筒を選択すると期待値が5000円高くなる、これが正しい解答となります。

封筒を開くというたった1つの動作で確率が変わったと考えると混乱してしまいますが、問題の前提条件が変わったから答えが変化するのは当然と考えると理解しやすいと思います。

【思考実験No.24】

エレベーターの男女

あなたは最上階である10階のエレベーターに最も近いレストランの従業員です。

10階のレストランフロアには男女が半々で訪れます。偏りは全くなく、どの時間であっても男女の比率は半々で変わりないとします。

あなたは新商品のスイーツを女性にすすめたいので、女性がエレベーターから降りてきたら、一番早く声をかけようと考えています。とはいえ、他の接客業の手を抜くわけにはいかず悩んでいました。

毎日エレベーターから降りてくる人の性別を見ては急いで店の前に立ちます。そしてこんなことを考え始めました。

(性別が事前にわかる方法があればいいのに)

このエレベーターは少し変わっていて、乗っている人数が表示されるようになっています。

今、エレベーターに2人と表示されています。2人の目的地である10階のレストランフロアに到着し、エレベーターの扉が開きました。1人がまず、エレベーターから降りてきました。男性のようです。

あなたは、もう1人が女性である確率が少しでも高いのなら店の前に立とうとしています。もう1人の客の性別が女性である確率はどれほどでしょうか。

1
2
3
4
5
6
7
8
9
10
2人

考え方のヒント

確率は2分の1。それが多くの方の直感でしょう。

前の1人が男性だったとしても、もう1人の性別に何ら影響を与えることはない。

もう1人の客にとって、先にエレベーターを降りた人は存在すら関係ないことで、この人がいるだけで男女の確率が変わるなんて考えられない。確率は男性と女性が2分の1ずつで、予想はまったくつかないはず。

そう考えるのが自然です。

しかし、実際は男女で確率が異なるのです。

この問題は、多くの人が考える確率と実際の確率が異なる問題です。実際に実験をしてみるとわかりますが、確かに比率が異なります。

まず、191ページの図を見てください。2人の性別は図の4つの組み合わせのうちのいずれかとなります。

この問題では、事前の条件として男性と女性の人数が同じであるとしています。これは、もともとの男女の人数に違いがあれば、この4通りが起こる確率自体に違いが出るためです。

男女の組み合わせは4通り

「ん？　2つ目と3つ目はともに男性1人、女性1人という組み合わせだけれど？」と感じるかもしれませんが、この2つは明確に分けて考える必要があります。

次のように考えると少しは考えやすいかもしれません。

エレベーターの左側は黒、右側は白い床になっています。2人は必ずどちらかが黒、どちらかが白の床に乗ります。

すると、191ページの2つのケースは別々の状態を示していることがわかります。どちらも乗っているのは男女1人ずつですが、2通りの乗り方があるのです。

それでも、実際に床に色分けがされているわけでもなければ、乗る場所が指定されてい

エレベーターの床の色で考える

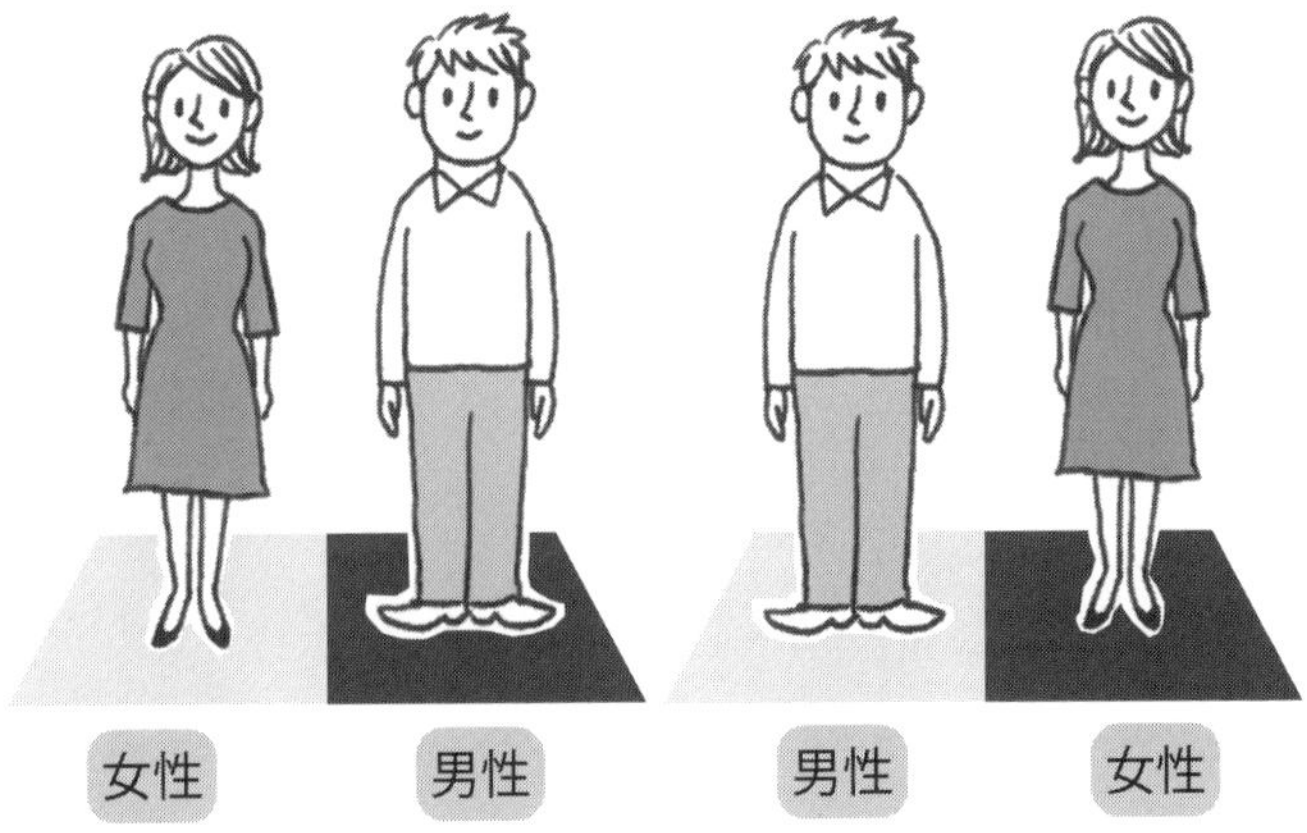

るわけでもないので、あまり納得できないでしょうか。

このことは、統計でもはっきりと示されています。

エレベーターの2人の性別をコインの裏表に置き換えて実験してみてください。

2枚のコインを用意し、放り投げてみるのです。100回も繰り返すと、表・表と、裏・裏のケースよりも、表と裏が1つずつ出るケースのほうが多くなります。

2枚のコインを同じコインとして扱うと、194ページ図の上のように偏った確率となり不自然な結果になります。

コインは別々のものとして考え、コインAが表でコインBが裏だったのか、コインAが裏でコインBが表だったのかは別の結果と

コインの組み合わせ

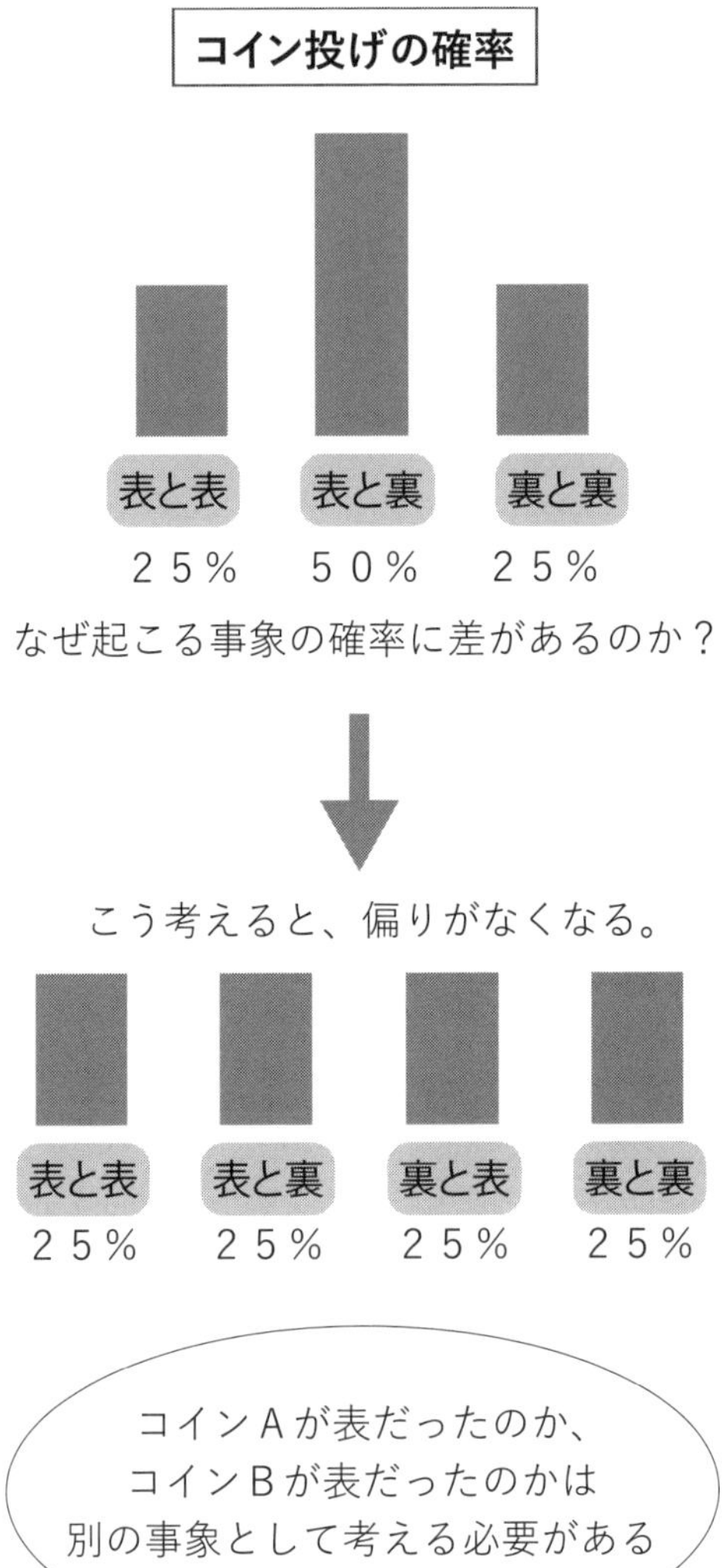
コイン投げの確率
表と表
表と裏
裏と裏
２５％
５０％
２５％
なぜ起こる事象の確率に差があるのか？
こう考えると、偏りがなくなる。
表と表
表と裏
裏と表
裏と裏
２５％
２５％
２５％
２５％
コインＡが表だったのか、
コインＢが表だったのかは
別の事象として考える必要がある

して考えると、194ページの下のようにすべての事象が同じ確率で起こると説明できます。

同様に、エレベーターに乗っている2人も、別々に考える必要があります。すると、191ページの4通りとなります。

問題では、エレベーターから降りてきた1人は男性だったと書かれています。

つまり、エレベーターに乗っていた2人のうちのどちらかは男性であったということです。

4つの組み合わせのうち、男性が1人含まれる組み合わせは次の3つです。

1人が男性であるとわかると、可能性のある組み合わせは、男性-男性、男性-女性、女性-男性です。

エレベーターから先に男性が降りてきた時の組み合わせ

この3つが同確率で起こることになります。すると、1人が男性であった場合、残りの1人は男性か、女性か、女性です。

1人が男性とわかった場合、もう1人は女性である確率のほうが2倍高くなるのです。

男性が3分の1、女性が3分の2の確率で起こる、というのが結論となります。

感覚で物事をとらえようとすると、この事実はなかなか理解しにくいですが、計算上、統計上は確かに男女の確率は異なるのです。


1人が男性だと、残りの1人が女性である確率は2倍高い

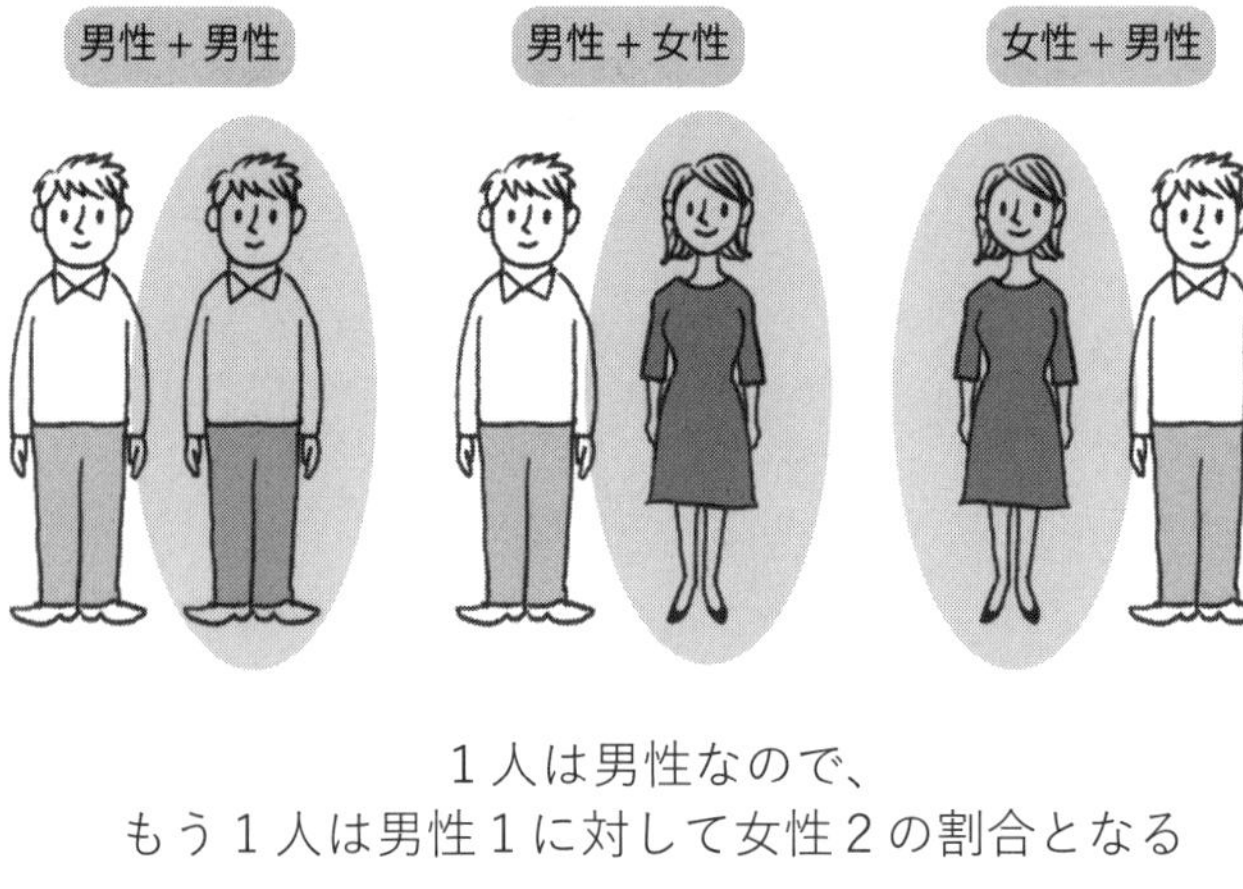

1人は男性なので、
もう1人は男性1に対して女性2の割合となる

【思考実験No.25】

あり得ない計算式

ユウトは算数サークルでおかしな計算式の証明をすることになりました。それが次の式です。

1＝0・999999……

（いや、すでにこの時点で間違っているだろう……）と思い、父親に相談しました。すると意外な答えが返ってきたのです。

「確かにその計算式は合っている。ちょっと考えれば解決の糸口は見つかるはずだ」

（1＝0・99999……が合っている……？　ちょっと考えるだけで見つかるような簡単な糸口なのか？）とユウトは考え始めました。

そして、ユウトはある計算式を導き出しました。

（1÷3＝$\frac{1}{3}$＝0・333333……は正しいよな。

$\frac{1}{3}$×3＝1は正しいよな。

$\frac{1}{3}$＝0・33333……なんだから、

1＝$\frac{1}{3}$×3＝0・3333333……×3＝0・999999……！

1＝0・999999……になった……！

でもおかしいよな？　1＝0・999999……のわけはない。どういうことなんだ？）

ユウトの考え

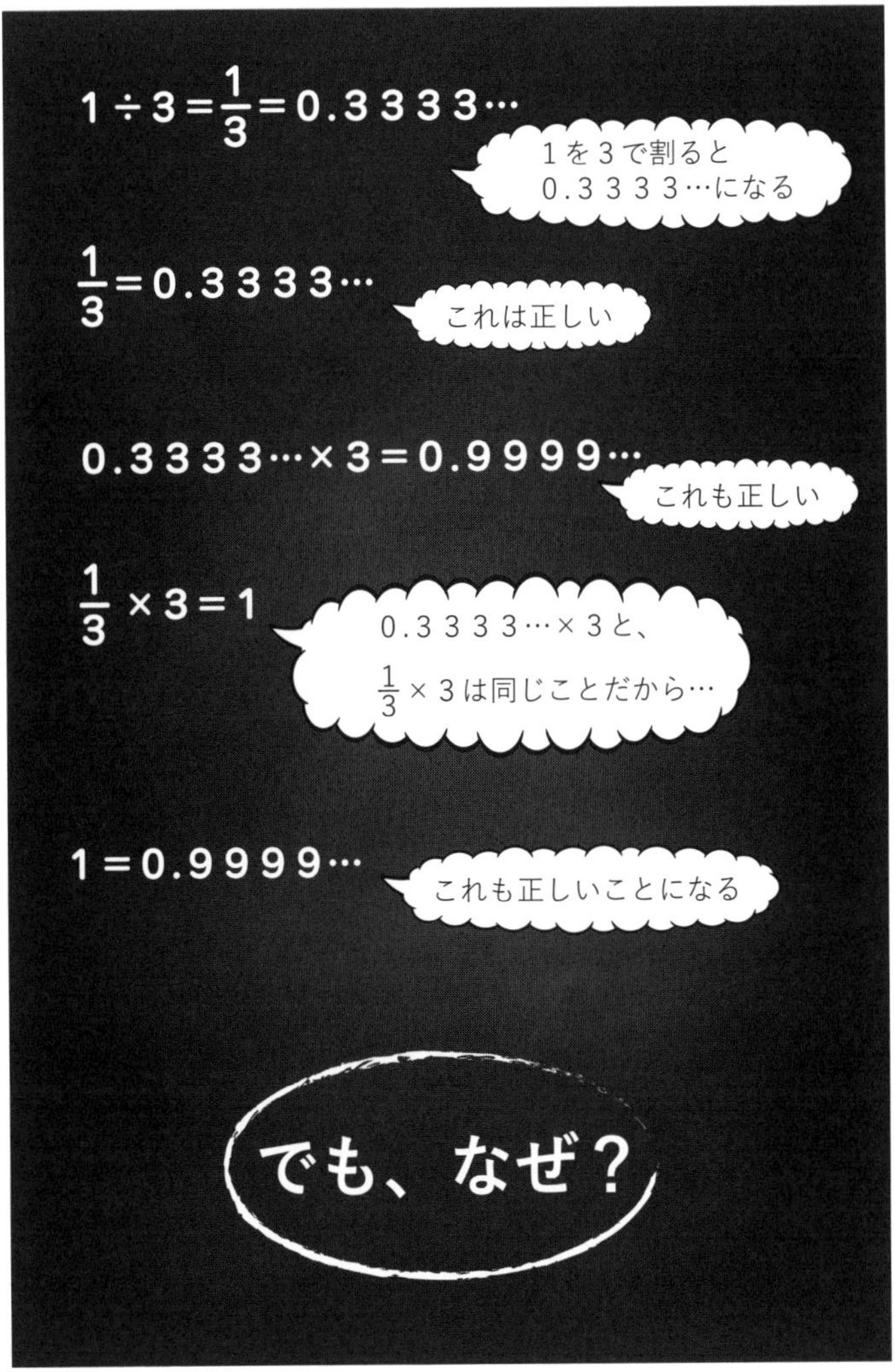

$1 \div 3 = \frac{1}{3} = 0.3333\cdots$
1を3で割ると
0.3333…になる
$\frac{1}{3} = 0.3333\cdots$
これは正しい
$0.3333\cdots \times 3 = 0.9999\cdots$
これも正しい
$\frac{1}{3} \times 3 = 1$
0.3333…×3と、
$\frac{1}{3}$×3は同じことだから…
$1 = 0.9999\cdots$
これも正しいことになる
でも、なぜ？

考え方のヒント

ユウトの考えでは、1を3で割ると0・333333……だから、それを3倍した0・999999……は1と等しい、というものです。しかし、ユウトは1＝0・999999……は違うと違和感を持っています。なぜこのような結果になったのでしょうか？

直感では1＝0・999999……は非常に違和感があるでしょう。だって、実際違う数でしょう、と感じるのではないでしょうか。では、ユウトの計算に間違いはあったでしょうか。どこにも間違いは見当たりません。

では、これはいかがでしょうか？

1＝0・999999……9

さっきの式「1＝0・999999……」と同じ式に見えるかもしれませんが、明確な違いがあります。終わりが決まっているかいないかです。つまり、有限か無限かです。1＝0・999999……9は明らかに間違いです。

ここで、もう1つの計算による証明を見てみましょう。202ページをご覧ください。

0・999999……をAとして、計算をし、結果的にA＝1を導き出すやり方です。10A＝9・9999……となったところに多少違和感があるかもしれませんが、これが無限なのだと考えてください。

0・999999……9と0・9999999……は違う数だと先ほど書きました。これは有限か無限かの違いで、終わりが決まっているか決まっていないかです。この2つの数は全く異なるものであり、越えられない壁がそこにはあるのです。現実の世界に無限を感じる要素がないために無限は実感としてはわかりにくいものです。

有限と無限

もう一つの計算による証明

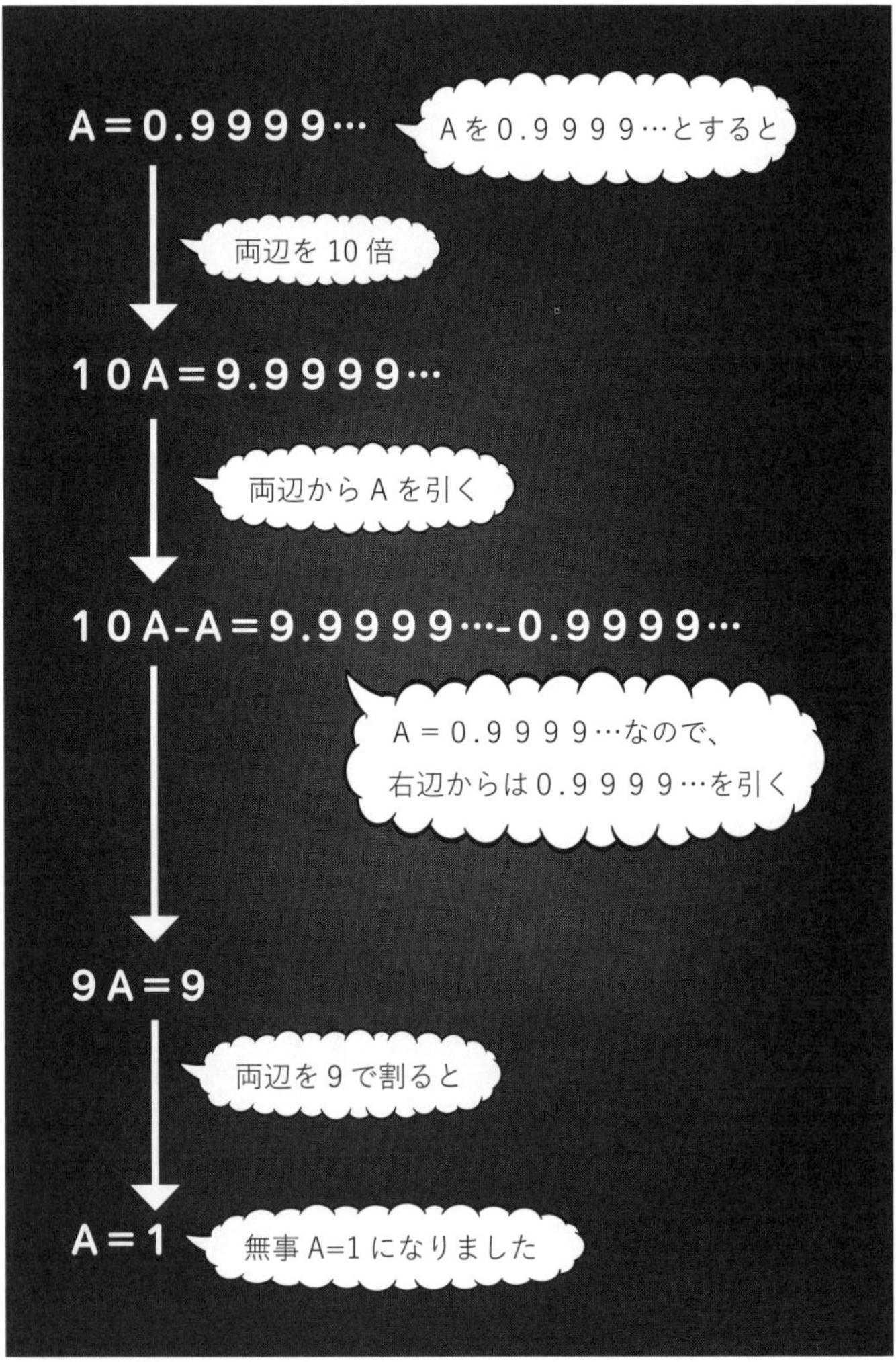
A＝0.9999…
Aを0.9999…とすると
両辺を10倍
10A＝9.9999…
両辺からAを引く
10A-A＝9.9999…-0.9999…
A＝0.9999…なので、
右辺からは0.9999…を引く
9A＝9
両辺を9で割ると
A＝1
無事A=1になりました

実感として最もわかりやすいのは次の計算ではないでしょうか。

1＝0・999＋0・001

これは正しいですね。

1＝0・99999999999＋0・00000000001

これも正しい計算式です。0・99999999999は0・の後に9が11個続いていますから、合わせて1になる数は0・の後に10個0が続きそのあとに1が出てくる数です。

では、1＝0・999999……＋Aを考えてみてください。

Aに入る数はどんな数でしょう？　先ほどは小数点以下の9が11個続いていたので、足して1になる数は10個の0を持ち、最後に1が出てくる数でした。では、0・999999……にはいくつの9があるのでしょうか。もちろん無限です。では、足して1になる数を考えてみましょう。0・のあとに0がいくつ出てくればいいのでしょうか。やはりこれも無限ですね。

0・0000……と無限に0が続く数を足すと1になるということです。0・0000……

と無限に0が続く数ということは、永遠に1は出てこないことになります。そうなると、これは0と考えるほかありませんね。しかしこの数は、確かに0・99999……と合わせると1になる数です。0と考えるほかにない数を足すと1になるのですから、0・99999……も1と考えるほかありません。

A＝0
1＝0・999999……＋A
1＝0・999999……

1は0・999999……と同じ数で、1は0・999999……と書くこともできるということになります。

算数の世界は自然発生したものではなく、1という概念は人が考えたものです。だからこそ一見おかしいと思えるような式が成り立つことになります。算数の法則にのっとって計算する限り、1は0・99999……と同じ数となり、ゆえに1は0・99999……と書くこともできるということになります。同じものであるわけがない、と感じるのは自然なことでしょう。しかし算数の世界で計算するとこれは正しい式なのです。

【思考実験No.26】

あり得ない計算式・2

ユウトは算数サークルでさらにおかしな計算式に出会いました。

2＝1

（2が1とイコールのわけはない。さすがにこれはひどい計算式だ！）と思いつつ、その証明を読んでみました。

（確かに2＝1になっている。計算は間違っていないぞ？　じゃあ、2＝1ということな

2＝1の証明

$A=1$　A＝1とする

$A^2=A$　両辺にAをかける

$A^2-1=A-1$　両辺から1をひく

$(A+1)(A-1)=A-1$　左辺を因数分解する

$A+1=1$　両辺をA－1で割る

↓ Aは1だから・・・

$2=1$　2＝1が成立

のか？　いや、1と2が同じということはあり得ない。1と2が同じなら、2と3も同じなのか？　ダメだ、そんなことがあっては。

いったい何がおかしいんだろう？）

考え方のヒント

ユウトの考えるとおり、計算自体は間違っておらず、因数分解も正しく行われています。それなのにあり得ない答えにたどり着きました。2＝1は明らかに間違いですから、計算式全体のどこかにミスがあるはずです。それはどこなのでしょうか。

思考のヒントに、もう1つの計算式をご覧ください。

途中までは先ほどと同じですが、1を左辺から右辺に移項している点が異なります。

ただ移項しただけなのに、答えが変わってしまいました。今度は1＝0です。

移項は正しく行われていますから、移項以前の5行に間違いが潜んでいます。1つ1つ

1=0を証明する

$A=1$ ← A＝1とする

$A^2=A$ ← 両辺にAをかける

$A^2-1=A-1$ ← 両辺から1をひく

$(A+1)(A-1)=A-1$ ← 左辺を因数分解する

$A+1=1$ ← 両辺をA－1で割る

$A=1-1$ ← **1を移項する**

$A=0$ ← 計算するとA＝0になった

↓ Aは1だから・・・

$1=0$ ← 1＝0が成立

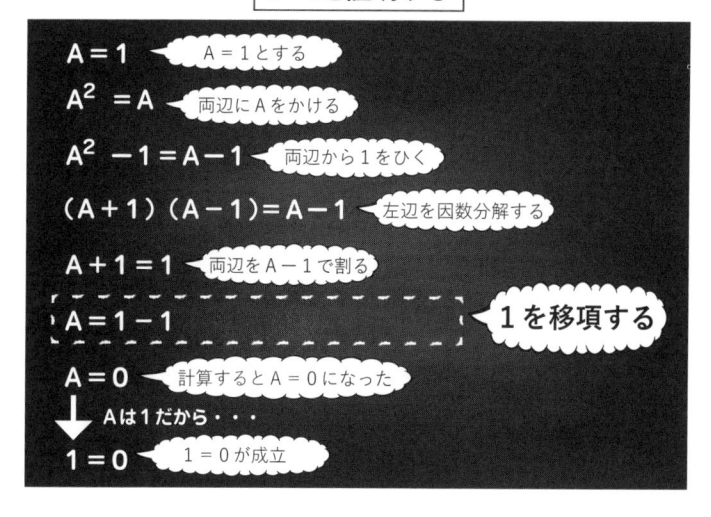

見ていきましょう。

1行目は問題ありませんね。ただA＝1という設定を行っているにすぎません。

続いて2行目です。ここからは慎重に考えてみます。

両辺にAをかけて式を整頓するとAの2乗＝A。この式に間違いは潜んでいませんね。

では、次に行きましょう。3行目です。両辺から1を引いただけです。3行目も正しい式とわかりました。

次は4行目です。因数分解をしています。因数分解してから、確かめ算として展開してみましたが間違いは見つかりませんでし

A^2＝A（2行目）は正しいか

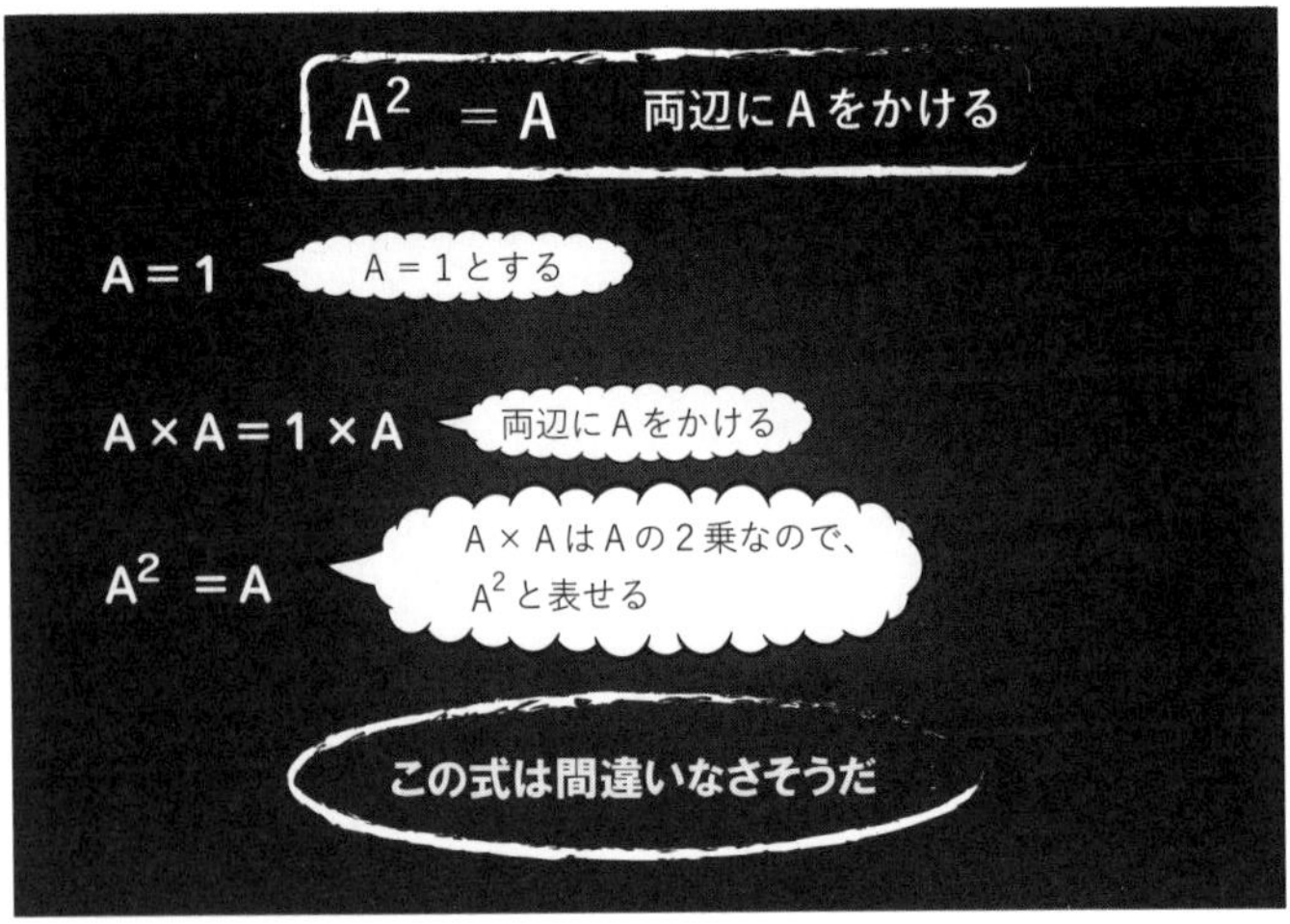

A^2 ＝A　両辺にAをかける
A＝1
A＝1とする
A×A＝1×A
両辺にAをかける
A^2 ＝A
A×AはAの2乗なので、A^2と表せる
この式は間違いなさそうだ

$A^2-1=A-1$（3行目）は正しいか

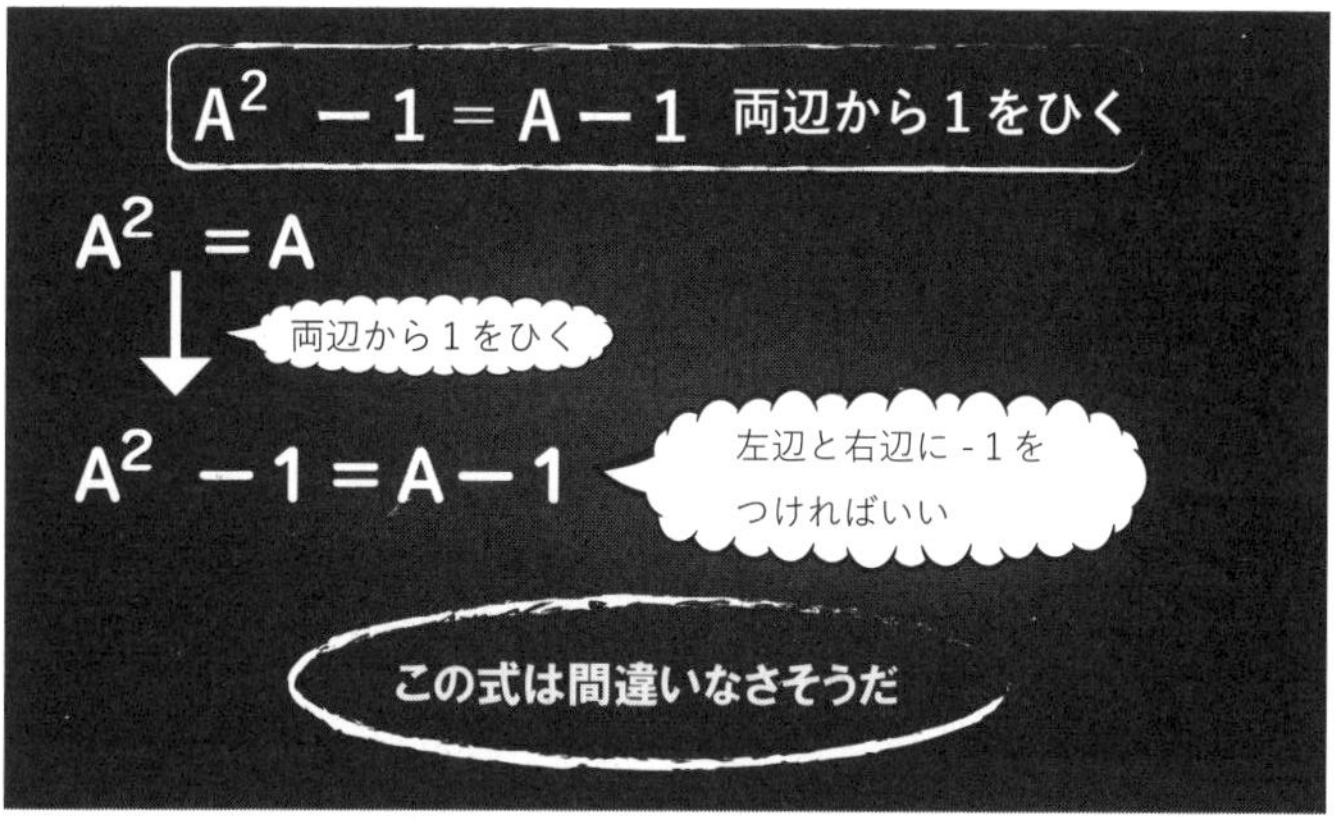

A² −1 = A−1 両辺から1をひく
A² = A
両辺から１をひく
A² −1 = A−1
左辺と右辺に -1を
つければいい
この式は間違いなさそうだ

$(A+1)(A-1)=A-1$（4行目）は正しいか

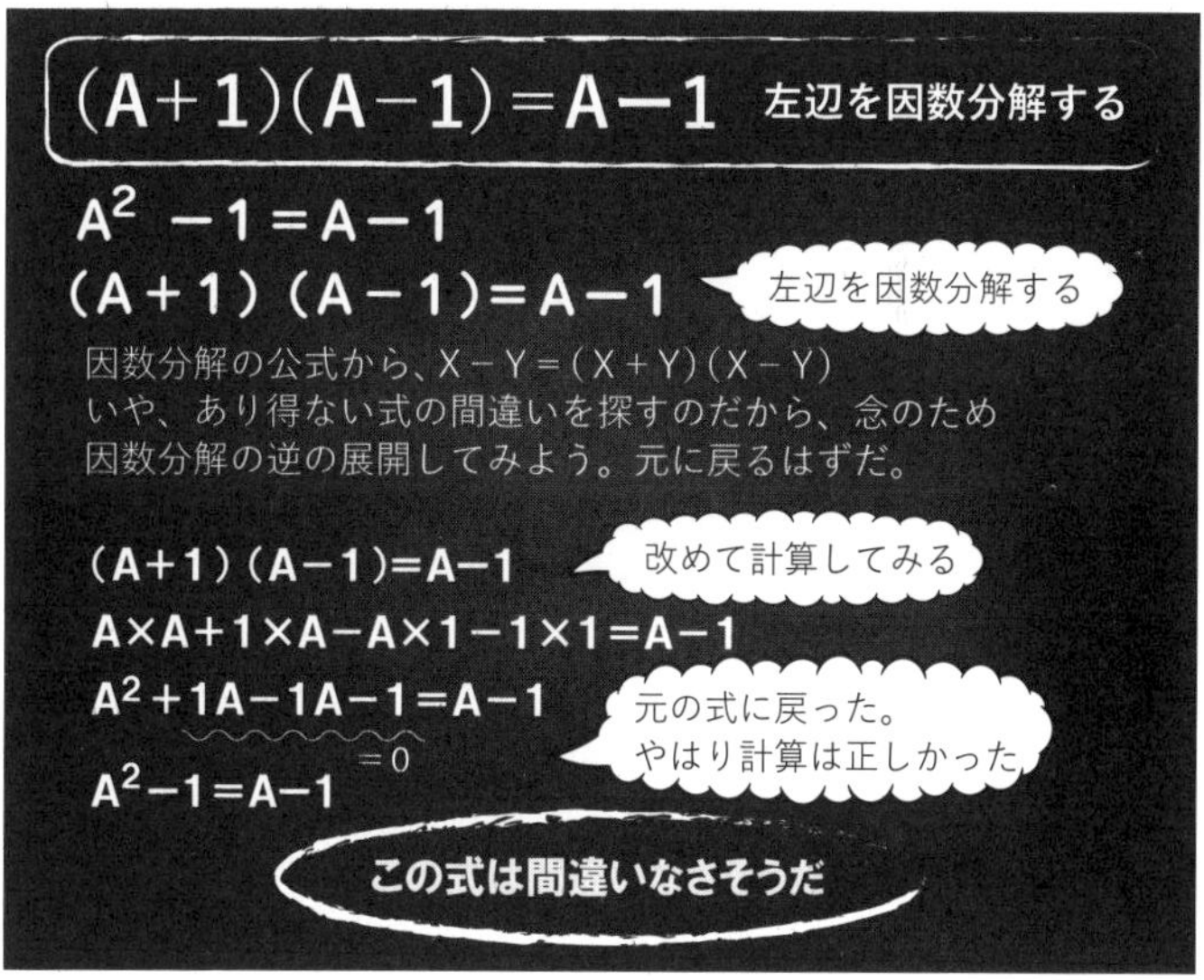

(A+1)(A−1) = A−1 左辺を因数分解する
A² −1 = A−1
(A+1) (A−1) = A−1
左辺を因数分解する
因数分解の公式から、X − Y = (X + Y) (X − Y)
いや、あり得ない式の間違いを探すのだから、念のため
因数分解の逆の展開してみよう。元に戻るはずだ。
(A+1) (A−1) = A−1
改めて計算してみる
A×A+1×A−A×1−1×1 = A−1
A²+1A−1A−1 = A−1
=0
A²−1 = A−1
元の式に戻った。
やはり計算は正しかった
この式は間違いなさそうだ

た。4行目も問題なしです。

とすると残る5行目に問題があるということでしょうか。確かめてみます。両辺をA－1で割る計算式です。間違いを探すため、少々丁寧すぎる計算をしていますが、間違いは見つかりませんでした。

さて、おかしいですね。間違っているはずの計算式から間違いが見つかりませんでした。ではどこに間違いがあったのでしょうか？

実は最後の両辺をA－1で割る計算式に間違いが潜んでいます。この計算

A＋1＝A（5行目）は正しいか

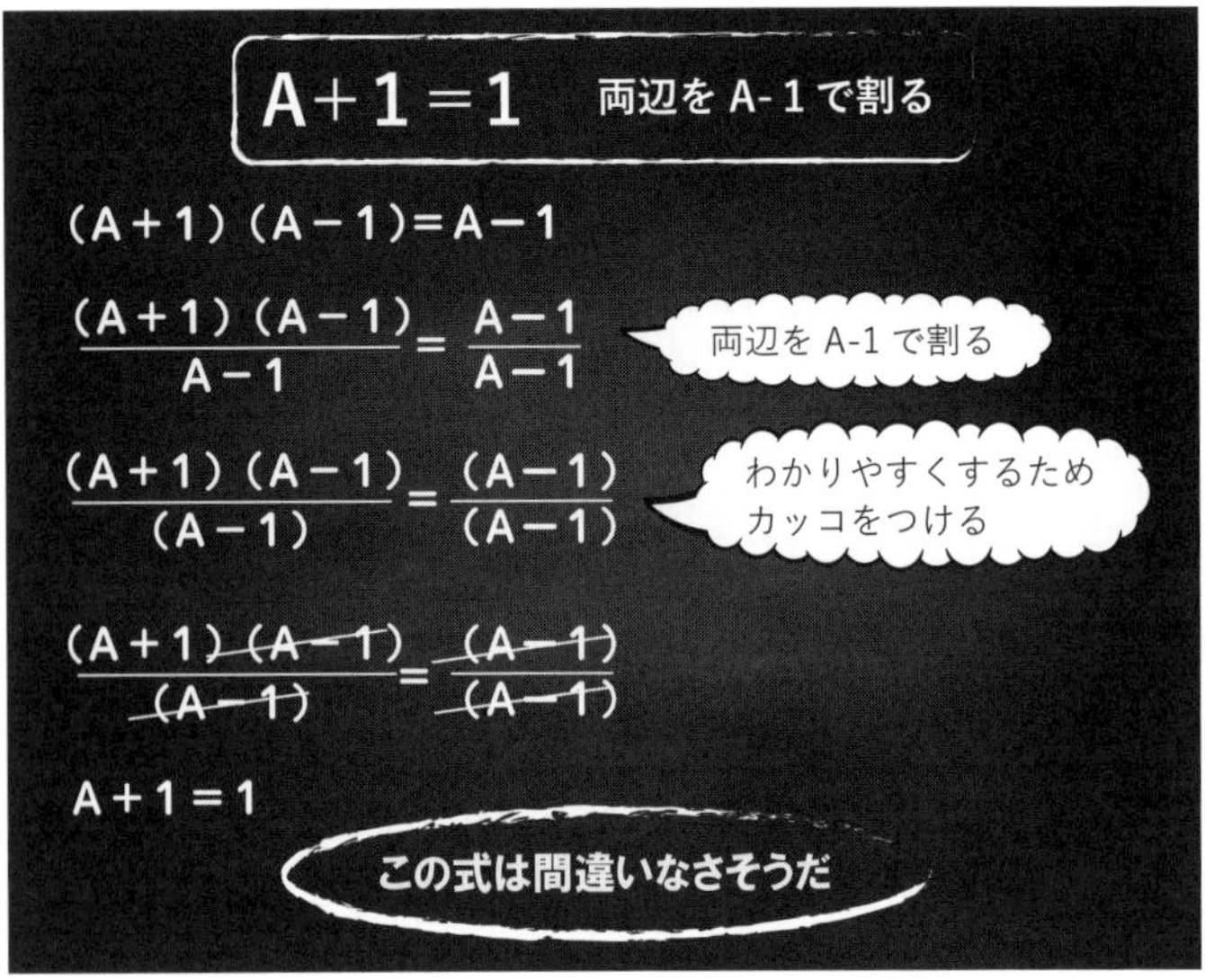

A＋1＝1
両辺をA-1で割る
(A＋1)(A－1)＝A－1
(A＋1)(A－1) / A－1 ＝ A－1 / A－1
両辺をA-1で割る
(A＋1)(A－1) / (A－1) ＝ (A－1) / (A－1)
わかりやすくするため
カッコをつける
(A＋1)(A－1) / (A－1) ＝ (A－1) / (A－1)
A＋1＝1
この式は間違いなさそうだ

式の間違いを解くカギは最初にA＝1と設定したところにあります。わざわざ1をAに置き換えることで、平然とやってはいけない計算をしてしまっているところがこの計算の問題点なのです。

では、この5行目の式のAをすべて1に直してみましょう。

実はこの計算式は0で割るという禁じ手を巧妙に含んだ計算式だったのです。0で割るという計算はできません、と学校で習ったことを思い出してください。

10÷0＝Mとすると、0を移項して10＝M×0となります。10＝M×0は計算式として間違っていますね。

間違いは「A=1」？

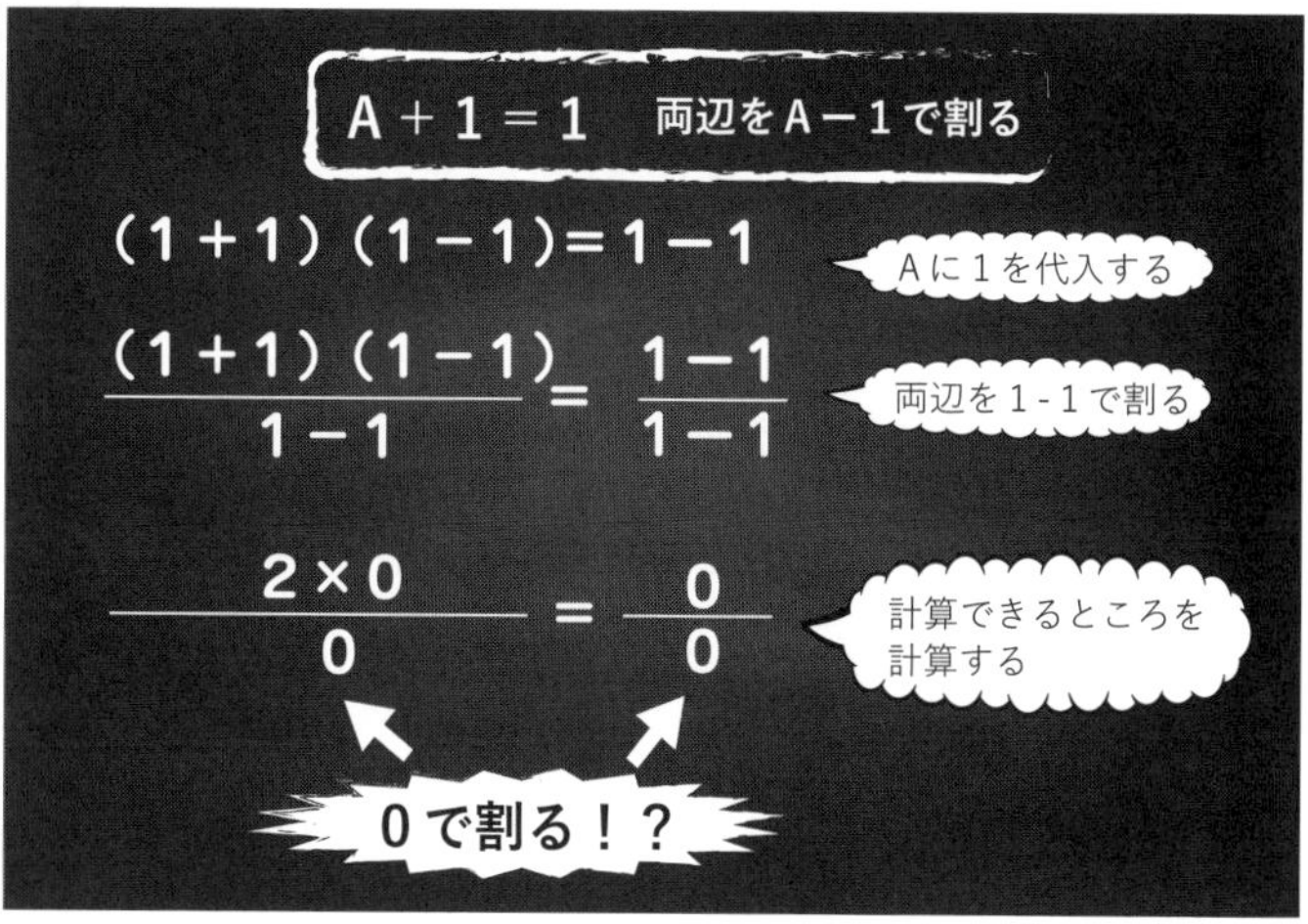
A＋1＝1　両辺をA－1で割る
(1＋1)(1－1)＝1－1
Aに1を代入する
$\frac{(1+1)(1-1)}{1-1}=\frac{1-1}{1-1}$
両辺を1-1で割る
$\frac{2\times 0}{0}=\frac{0}{0}$
計算できるところを計算する
0で割る！？

また、今回の式に出てきてしまっている0÷0の答えをNとすると、0÷0＝N、後者の0を移項すると0＝N×0となり、Nにどんな数でも入れられます。

これらのことから、0で割っても答えは定まらないというおかしな計算になってしまうのです。ですから、0で割ることはできないとなります。

その0で割るという行為を行っているので、計算がおかしくなるのは当たり前です。それがこの計算式のトリックの答えです。

0で割ってはいけないワケ

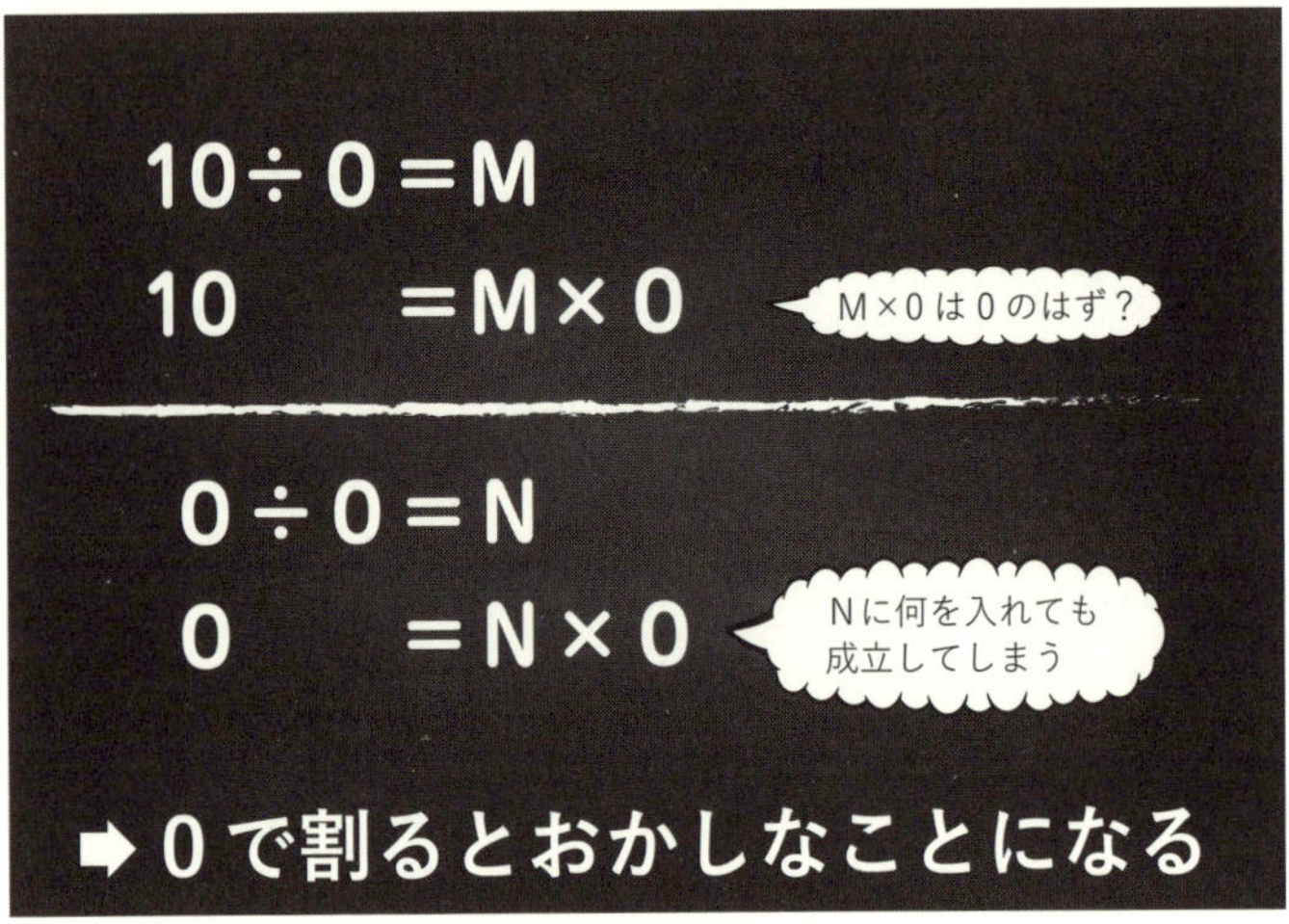
10÷0＝M
10 ＝M×0
M×0は0のはず？
0÷0＝N
0 ＝N×0
Nに何を入れても成立してしまう
➡0で割るとおかしなことになる

第4章

不条理な世の中を生き抜くための思考実験

▶抜き打ちテスト ・・・・・・・・・・・・・・・・216 ページ
▶生きるための答え ・・・・・・・・・・・・・・・224 ページ
▶生きるための答え・2 ・・・・・・・・・・・・・228 ページ
▶共犯者の自白 ・・・・・・・・・・・・・・・・・230 ページ
▶マリーの部屋 ・・・・・・・・・・・・・・・・・236 ページ
▶バイオリニストとボランティア ・・・・・・・・241 ページ
▶コンピュータが支配する世界 ・・・・・・・・・248 ページ

世間の渡り方を思考実験から学べ

この章は、様々な角度から思考を巡らせることができる、幅広いテーマの思考実験を集めた章です。

哲学的な問題や、日常の中の選択、その場をしのぐための難しい判断、未来を想像する問題など、多くの思考実験が登場します。

学生時代誰もが経験した抜き打ちテストといった日常的なものから、ありえないボランティアの話といった思考実験ならではの世界観を持った問題もあります。

未来を考える問題も複数用意しました。今、コンピュータが急速に発展しています。そして、将来多くの仕事が人の手からコンピュータに移されると予想されています。

そのコンピュータが人の心まで解析できるようになったらどうなるでしょうか。

自分ならどう考えるか、どういう行動をとるだろうか、と心の探求を楽しんでいただければと思います。深い思考を繰り返すうちに、時にはなるほどと思えるヒントに出会うかもしれません。

【思考実験No.27】

抜き打ちテスト

思考高校の3年1組で、抜き打ちテストが行われることになりました。

3年1組の英語教師は、金曜日の授業時間の最後に言いました。

「来週の月曜日から金曜日までのどこかで英単語の抜き打ちテストを行う！　よく勉強しておくように。抜き打ちだからな、当日にならないとその日にテストがあるかわからないぞ」

生徒は一様にざわざわと落ち着かない表情を見せています。そんな中にマサルもいました。

授業が終わって放課後のホームルームの時、マサルはまだ頭を抱えていました。

（ああ、抜き打ちテスト嫌だなぁ。なければいいのに。何だろう、抜き打ちテストってさ。だいたい、来週行うってわかっているのに抜き打ちって言えるのかよ。抜き打ちっていうのなら、ある日突然やればいいのに。そうすれば平均点も下がるのにさ！）

英単語にまったく自信のないマサルは抜き打ちテストが嫌で仕方がありませんでした。

（ん？　いや、まてよ……？）

マサルの思考は何かに閃いたように進んでいきます。

（先生は当日にならないとその日にテストがあるかわからないと言っていたよな。もし仮にだけど、テストが金曜日だったとしようか。そうすると、木曜日までは試験はなかったことになるよな。で、みんな口々に言うんだ。「テストは明日だ」って。それで金曜日にみんなが予測した通りテストが行われるんだよな。これっておかしくないか？　だって、「当日にならないとその日にテストがあるかわからない」はずなんだから。先生が嘘をついたことにならないか？ということは、テストが金曜日というのはあり得ない）

（うわ〜、テストが早まっちゃった気分だよ。月曜日から木曜日のどこかでテストがあることが決まったわけだからね。いや、まてよ……？　今、ボクは月曜日から木曜日のどこかで抜き打ちテストが行われると知っているぞ。ということは、木曜日にテストが行われた場合、さっきと同じことが起こらないか？

みんな月曜日から木曜日までのどこかで抜き打ちテストが行われることを知っているとした

抜き打ちテストが金曜日に実施できないわけ

曜日	月曜日	火曜日	水曜日	木曜日	金曜日
テスト実施は可能か					×

なぜ、金曜日に実施できないのか……

金曜日に抜き打ちテストが行われる

＝

金曜日は週の最後なので、
テストが今日だとわかった中でテストが行われる

＝

先生が言っていた
「当日にならないとその日にテストがあるかわからない」
に反する

＝

金曜日に抜き打ちテストは実施できない！

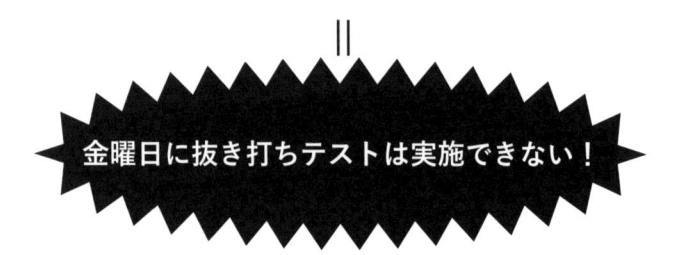

ら、木曜日になったとき、「今日が抜き打ちテストだ」とわかるよな？　それで、みんながわかっている通り、きっとその日に抜き打ちテストが行われるだろう。これでは抜き打ちテストにならない）

（同じように水曜日も考えられないか？　みんな木曜日と金曜日にテストができないとわかっているわけだから、水曜日になったら「今日がテストだ」とわかってしまう。つまり水曜日もテストができないじゃないか）

（同じように考えていくと、火曜日も、月曜日も抜き打ちテストは実施できないことになる。つまり、抜き打ちテストは実施不可能！　ゆえに、抜き打ちテストはない！）

マサルは自分の推理に強く頷き、まったく勉強をせずに翌週を迎えました。

そして、その週の水曜日、来週のどこかで行うという宣言通りに行われた抜き打ちテストで最も驚いていたのはマサルでした。

なぜ抜き打ちテストは実施できたのでしょうか？

抜き打ちテストが来週実施できないわけ

曜日	月曜日	火曜日	水曜日	木曜日	金曜日
テスト実施は可能か	×	×	×	×	×

なぜ、他の曜日も実施できないのか……

木曜日に抜き打ちテストが行われる

||

金曜日に実施不可能とわかっているので、
実施可能なのは月曜日から木曜日であり、
木曜日はその最終日となる

||

テストが今日だとわかった中でテストが行われる

||

先生が言っていた
「当日にならないとその日にテストがあるかわからない」
に反する

↓

他の曜日も同様になるので、
来週、抜き打ちテストは実施できない！

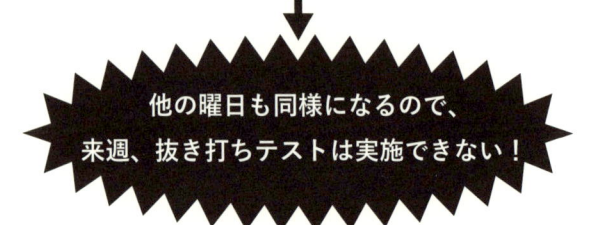

考え方のヒント

マサルの推理は一見正しいように感じられます。

しかし、一点、確実に間違っていることがありますね。

それは「ゆえに、抜き打ちテストはない！」としてしまった点です。

抜き打ちテストは教師が忘れてしまわない限り必ず行われるでしょう。もし、教師が忘れてしまったとしても、金曜日になれば生徒の誰かが「先生、抜き打ちテストは今日ではないのですか？」と言うでしょうし、それによって教師が思い出して「あぁ、そうだった。抜き打ちテストを行う」と言ったとしても、生徒たちは「抜き打ちテストにならないからおかしい」とは思わないでしょう。

抜き打ちテストは必ず行われるのです。なぜ、マサルの推理と違う結果になったのでしょうか。

教師の言葉である「当日にならないとその日にテストがあるかわからない」は、マサルが考えているよりもよほど曖昧な意味で発した言葉です。

教師は月曜日から金曜日までの5日のうちの1日にテストを行うという予定を言葉にしたに

過ぎません。5分の1の確率でテストを行いますよ、という事実を、「当日にならないとわからない」と表現したのです。

しかしこれだと、マサルの考えは正しいのに、教師が曖昧な言動でマサルを惑わして抜き打ちテストを決行したともいえそうです。

しかし、マサルの誤算はこれだけではありませんでした。

マサルの推理にはもう1つの大きな落とし穴がありました。

それは、抜き打ちテストが水曜日に行われた際、マサルが最も驚いてしまった点にあります。それも当然のことです。マサルは抜き打ちテストが行われないと考えていたからです。

この時点で、マサルは今日抜き打ちテストが行われるとはわかっていないことになり、先生が発した「当日にならないとその日にテストがあるかわからない」という条件が正しいものになってしまうのです。

結局マサルは自らの推理に惑わされて抜き打ちテストの勉強を怠ったという結果になってしまいました。

抜き打ちテストは実施不可能なのか？

水曜日に抜き打ちテストが行われた

＝

マサルは「抜き打ちテストはない」と
結論付けていたため、
今日が抜き打ちテストとはわからなかった

＝

先生が言っていた
「当日にならないとその日にテストがあるかわからない」
が正しくなる

＝

水曜日に抜き打ちテストは実施できる

【思考実験No.28】

生きるための答え

クイズのような思考実験です。場面を想像しながら、お楽しみください。

＊

とある国の王様の前に男がいます。この男は罪を犯し、死刑に処されることになりました。

男は何とかこの場を乗り切りたいと思い、王様に訴えます。

「確かにこの国のお宝を盗もうとしたのは事実です。しかし私にも生活があったのですよ。それに、狙ったのは大したお宝じゃありません。死罪というのはあんまりではありませんか？」

王様はそれを静かに聞き、言いました。

「そうか。それならば死に方を決めさせてやろう。火あぶりでも斬首でも好きなものを選んで

よいぞ。ただし、お前の選んだ方法は確実に実行する。変更は許さない」

男は絶望を感じながら考え込みました。死ぬことは決まっているにもかかわらず、無謀にも生きるための答えを探し始めたのです。

病死ならばすぐには殺せないが、病原菌を与えられれば長くはもたないだろう。事故死ならどうだ。いやだめだ、事故に見せかけた事件を起こすことくらい容易だろう。それをしないにしても、事故が起きやすいことを命令されるに決まっている。

それならば、到底起こすのが難しい事故はどうだろう。いや、それでもそれが起こるまで永遠に辛い実験をされても困る……。ほかに何かないだろうか。

そして、1つの結論にたどり着き、王様にある答えを告げたのです。すると王様は考え込み、参ったという表情で男を許し、釈放しました。

この問題に答えがあるとすれば、どのような答えが考えられますか？

考え方のヒント

死に方を決めるという決定権を持った男は、生きるための答えを探し始めました。あらゆる方法を考えた結果、一番幸せな死に方は何だろうと考えました。そして、多くの人が理想と考える老衰という答えにたどり着いたのです。

老衰ならば故意に何かをすることもできませんし、老いるまで待つのも果てしなく時間がかかります。それまでの間、病死させるわけにも、餓死させるわけにもいきませんから、それなりの生活を保障しなければならなくなるでしょう。

それならば、罪を許して釈放するのが王様にとっても一番よい選択肢になってしまうでしょう。

【思考実験No.29】

生きるための答え・2

生きるための答えを探す思考実験をもう1つご紹介します。

＊

ある男が、あなたの前にやってきました。そして、銃口をあなたに向け、言ったのです。

「お前にチャンスをやろう。私が今からすることを当てることができたなら、お前を殺さないでやる。さぁ、どうだ？」

あなたは身震いを覚えながら必死に思考を巡らせます。そして、ある答えを導き出しました。

「あなたは私を殺す」

男はその後、自らが逃げ出すことになりました。

さて、この答えは何を意味しているのでしょうか？

考え方のヒント

男がもし、あなたを殺した場合、あなたが言った「あなたは私を殺す」が事実となってしまいます。あなたが正しい答えを言ったのですから、「殺さないでおいてやる」はずなのです。それなのに殺してしまったとしたら、明らかに矛盾が生じます。

一方で、男があなたを殺さなかった場合、男はまた矛盾の中に突き落とされることになります。あなたは正解を出せなかったわけですから、男はあなたを殺さない理由がなくなり、銃の引き金を引くことになります。しかし、それをしてしまうと、先ほどと同様にあなたが言った「あなたは私を殺す」が事実となってしまい……。

どちらの行動を起こしても矛盾を生じてしまいます。

男は何もできなくなり、自らが逃げ出してしまったというわけです。

【思考実験No.30】

共犯者の自白

人は時に愚かな選択をします。この思考実験では、最良の選択が明らかに答えとして存在し、それを認識しているにもかかわらず、多くの場合はその通りにならないというジレンマが起こります。

＊

A氏とB氏はある事件の容疑者として捕らえられました。そして、別々の部屋で取り調べを受けることになります。

取調室で、取り調べが始まりました。A氏、B氏ともになかなか口を割りません。そこで、取調官は駆け引きを持ち掛けます。

「Aさん、もし、2人ともずっと黙秘を続けたなら、2人とも懲役2年になるでしょう。しかし、Aさん、あなたが今ここで自白し、Bさんが黙秘したなら、あなたを捜査協力ということで釈放します。ただしBさんは懲役10年です。

逆にBさんが自白し、あなたが黙秘した場合、Bさんを釈放してあなたは懲役10年になります。もし、2人とも自白したなら2人とも懲役6年になります。さて、どうします?」

実はこの駆け引きは、時を同じくしてB氏にも行われていました。

AさんもBさんも、お互いが黙秘して懲役2年ずつになることがもっともよいことだとわかっています。合計しても4年の懲役で済むわけですから、圧倒的に他よりもよい条件です。

翌日、悩みに悩んだ2人は、それぞれに答えを出し、2人の罪が確定しました。結果はA氏、B氏ともに懲役6年です。なぜこうなったのでしょうか。

A氏、B氏と自白の関係

	A氏黙秘	A氏が自白
B氏が黙秘	A氏、B氏 ともに懲役2年	A氏　釈放 B氏　懲役10年
B氏が自白	A氏　懲役10年 B氏　釈放	A氏、B氏 ともに懲役6年

考え方のヒント

A氏もB氏も初めは黙秘を貫こうと考えたでしょう。しかし、相手の心の内は分かりません。もしかしたら自白して釈放されようと考えているかもしれないのです。

A氏は考えます。

もし、B氏が黙秘を貫いたとしよう。

その場合、自分が自白すれば自分は釈放されます。一方で黙秘した場合は懲役2年となります。

もし、自分のためだけを考えるなら、自白したほうがよいことになります。ただ、B氏の事を考えると、黙秘を貫きたい気持ちも残るでしょう。

次に、B氏が自白する場合を考えます。

B氏が自白を選択した時点で、A氏である自分の釈放はなくなります。自分がB氏同様に自白をすればお互いに懲役6年。B氏を信じて黙秘を続けたなら、B氏の自白と言う裏切りにより懲役10年となります。

つまり、自分が自白を選択することで、少なくとも一方的に裏切られて懲役10年になること

B氏が黙秘する場合のA氏の考え

	A氏黙秘	A氏が自白
B氏が黙秘	A氏、B氏 ともに懲役2年	A氏　釈放 B氏　懲役10年
B氏が自白	A氏　懲役10年 B氏　釈放	A氏、B氏 ともに懲役6年

B氏が黙秘する場合
A氏である自分は
懲役2年か0年だ
2年よりは
0年のほうがいいよな…
でもそうする
とB氏は
懲役10年か…
うーん

B氏が自白する場合のA氏の考え

	A氏黙秘	A氏が自白
B氏が黙秘	A氏、B氏 ともに懲役2年	A氏　釈放 B氏　懲役10年
B氏が自白	A氏　懲役10年 B氏　釈放	A氏、B氏 ともに懲役6年

B氏が自白する場合 A氏である自分は 懲役10年か6年だ 10年なんて冗談じゃない
B氏が自白するなら 絶対に 自分も自白だ！
B氏が黙秘の場合 自分は自白のほうがよく B氏が自白の場合は 自分は絶対自白したい どちらにせよ自白か

は避けられると考えることができます。

B氏を信じたいところですが、裏切られたときのことを考えると、やはり黙秘は危険と判断するしかないでしょう。

自分が自白をしておけば、B氏が自白した場合でも最悪の結果を避けることができ、B氏が黙秘した場合は釈放されるわけですから、A氏の最適解は自白という結果になります。

おかしいですね。お互いにとって最もよい選択肢は黙秘であるはずです。それなのに、個人の視点から考えると自白が最もよい選択肢に変わるのです。結果を見れば、共に懲役2年と共に懲役6年なら、2人とも共に懲役2年を選びたいはずですし、相手もそれを理解しているという確信があるにもかかわらずです。

また、自分が黙秘を通したおかげでB氏が釈放され、自分が最も重い10年の懲役になることを考えたとき、自分だけ懲役10年よりは、まだ2人そろって懲役6年のほうがマシだと感じるはずです。一般的に人は一方的に裏切られて惨めな思いをするのは、単独犯で懲役10年になるよりも耐え難いと考えます。

A氏、B氏はそれぞれにこのような思考の末に自白を選択し、共に懲役6年という結果になったのです。

【思考実験No.31】

マリーの部屋

マリーは色に関する専門知識を持つ科学者です。マリーは当然ながら色について非常に詳しく、リンゴが赤いことや空が青いこと、黄色いバナナを見た人がどのような反応を見せるのかも知っています。

人が色を見ることができる仕組みももちろん知っていますし、赤と青を混ぜ合わせれば紫になるなど、あらゆる色を作り出す方法も知っています。

しかし、たった1つ、マリーには普通の人と違う点があります。それは、彼女は生まれたときから特殊な状態で部屋に入れられているということです。

マリーは世界が白黒に見えるゴーグルをつけ、そのゴーグルから白黒に見える部屋で過ごしました。その部屋の中でマリーは人並み外れた学習により色に関するあらゆる知識を身につけてきたのです。つまり、マリーは、色に関する物理的なあらゆる知識を知っていながら、色を見たことがないのです。

ある日マリーはゴーグルを外して外に出ることになりました。青い空、緑の自然、赤いリンゴ、様々な色をした人々の服装といった色を初めて目にしたのです。この時マリーは何かを新たに知ったと言えるのでしょうか。

考え方のヒント

色についてのあらゆる知識があるマリーが、色を実際に見たときに新たに何か学ぶものはあるのでしょうか。

マリーは色を見た人がどんな反応を見せるのかも知っていますし、バラは情熱的な赤い色なのだとか、空は澄み切った青なのだとか、そういったイメージも知っています。

マリーが初めてカラーの世界を見たとき、どうなるかを想像してみてください。

おそらくは「わぁ、これが空の青さなのね。自然の緑はこんな風に見えるんだ」というような反応を見せるのではないかと想像できます。

では、ここからマリーが何を得たのかを考えてみたいと思います。

私たちが寒い部屋でストーブに当たったときの暖かいという感じ、壮大な自然を見て心を震わせる感じ、100本のバラの花束を見たときの鮮やかな赤の感じ、商店街でためたくじ券でガラガラを回すときにちょっとワクワクするあの感じ、気に入った服の値札を見たときの「高い！」というショックを受ける感じ、これらはすべて主観的な感覚で、人によってそれぞれの受け取る「感じ」は異なるでしょう。この主観的な感覚はクオリアと呼ばれています。

例えば、同じリンゴを見て、「おいしそうな赤い色」と2人が思ったとして、Aさんが見た「おいしそうな赤」と、Bさんが見た「おいしそうな赤」は実は異なる色かもしれません。

もしかしたら、Aさんが「おいしそうな赤」と思っている色は、Bさんにとっては紫色かもしれないのです。それでも2人ともリンゴを見ればおいしそうな赤と言いますし、2人とも何ら嘘はついていないのです。

マリーの場合、色に関するあらゆる知識を有していても、色に関する主観的な感覚は知らなかった、マリーは「クオリアを学んだ」と言えそうです。誰が感じているリンゴの赤が正しいということはありません。マリーが学んだクオリアもまた、あなたの持つクオリアとは異なるものでしょう。

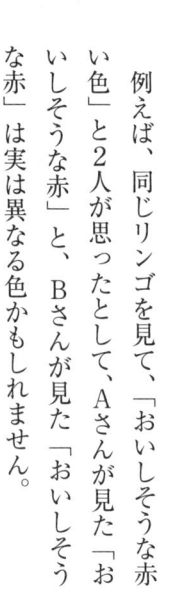

【思考実験No.32】

バイオリニストとボランティア

あなたは献血のボランティアをした際、血液検査をついでに行いました。その数日後、あなたは突然さらわれてしまいます。そして、気がついたときにはベッドに横たわっており、隣に横たわる見知らぬ男性と管でつながれていました。

献血のボランティアをしたときにあなたに声をかけた人がやってきて言いました。

「隣にいる人は世界的なバイオリニストで、生命の危機に瀕しています。腎臓の病を患っていて、今はあなたと繋がれることで命を一時的に保つことができている状態です。9か月後に薬が完成し、このバイオリニストの病気は治ることがわかっているのです。それまで力をかしていただけませんか」

「私を使って人工透析ということですか。私である必要はないでしょう。9か月は長すぎます」

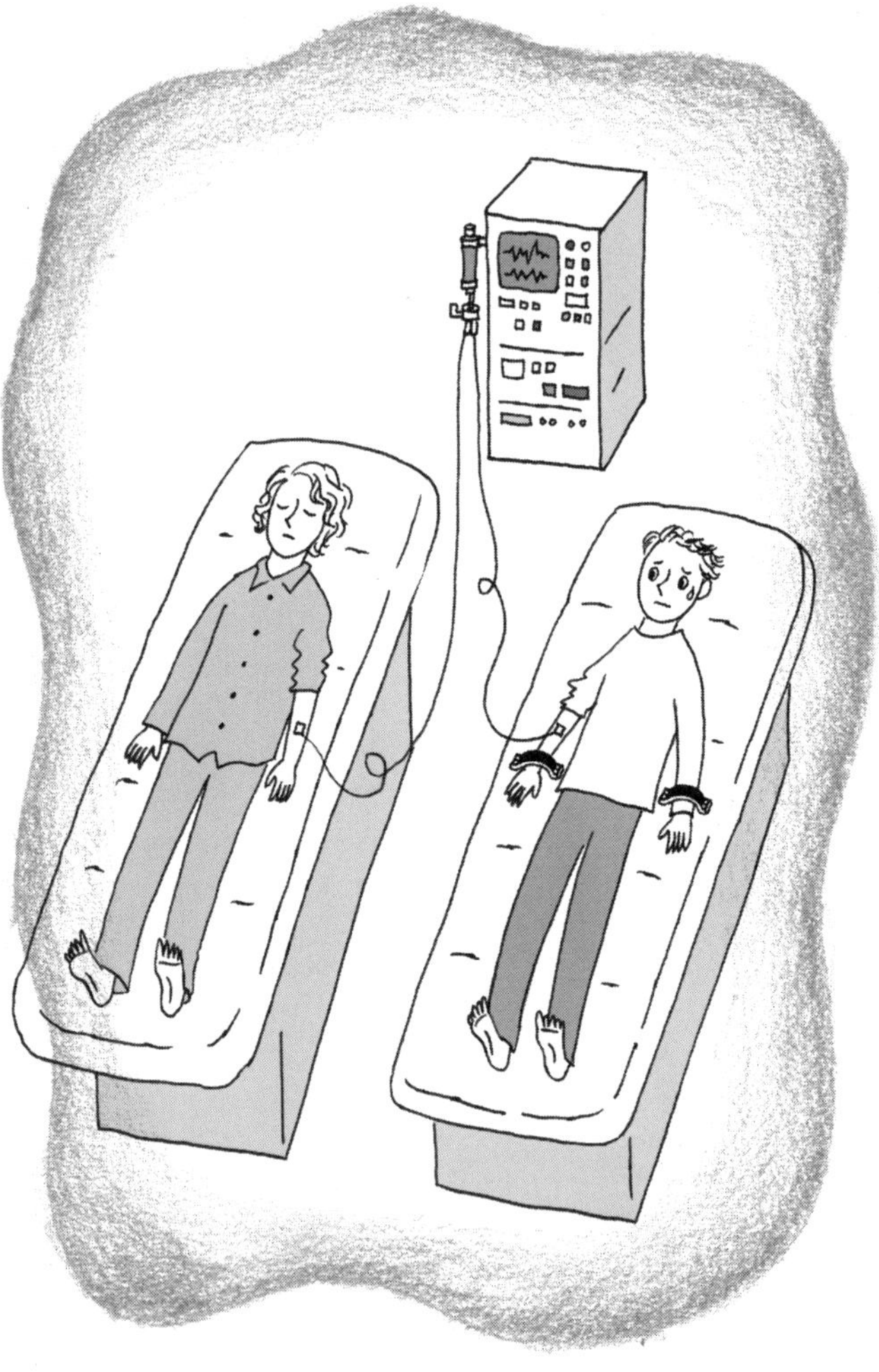

と反論しますが、男はさらに続けます。

「血液検査の結果、あなたの血液型がバイオリニストの難しい血液型に見事にマッチしたのです。本当は時間をかけてあなたを説得したいところでしたけれど、なんせ少しでも早く血液型のマッチする人と繋がないと命がなかったものですから。

このバイオリニストは天才的な才能を持っています。ここで死なせるわけにはいかないのです。あなたが管を引き抜けばバイオリニストは死ぬことになります。もちろん、ご協力いただけますよね？」

どうやら、ここにいる人たちはこのバイオリニストの熱狂的なファンであるようです。

さて、あなたは9か月の間、このバイオリニストと繋がっている義務はあるでしょうか。また、あなたなら管をそのままにしますか。それとも引き抜きますか。

現実問題として考えると、そこにお金が発生するかによっても大きく考えが変わってしまうでしょう。ここではあくまでもボランティアであり、あなたは学生など、お金のことはとりあえず脇に置いておける状態であると考えてください。

バイオリニストとボランティア

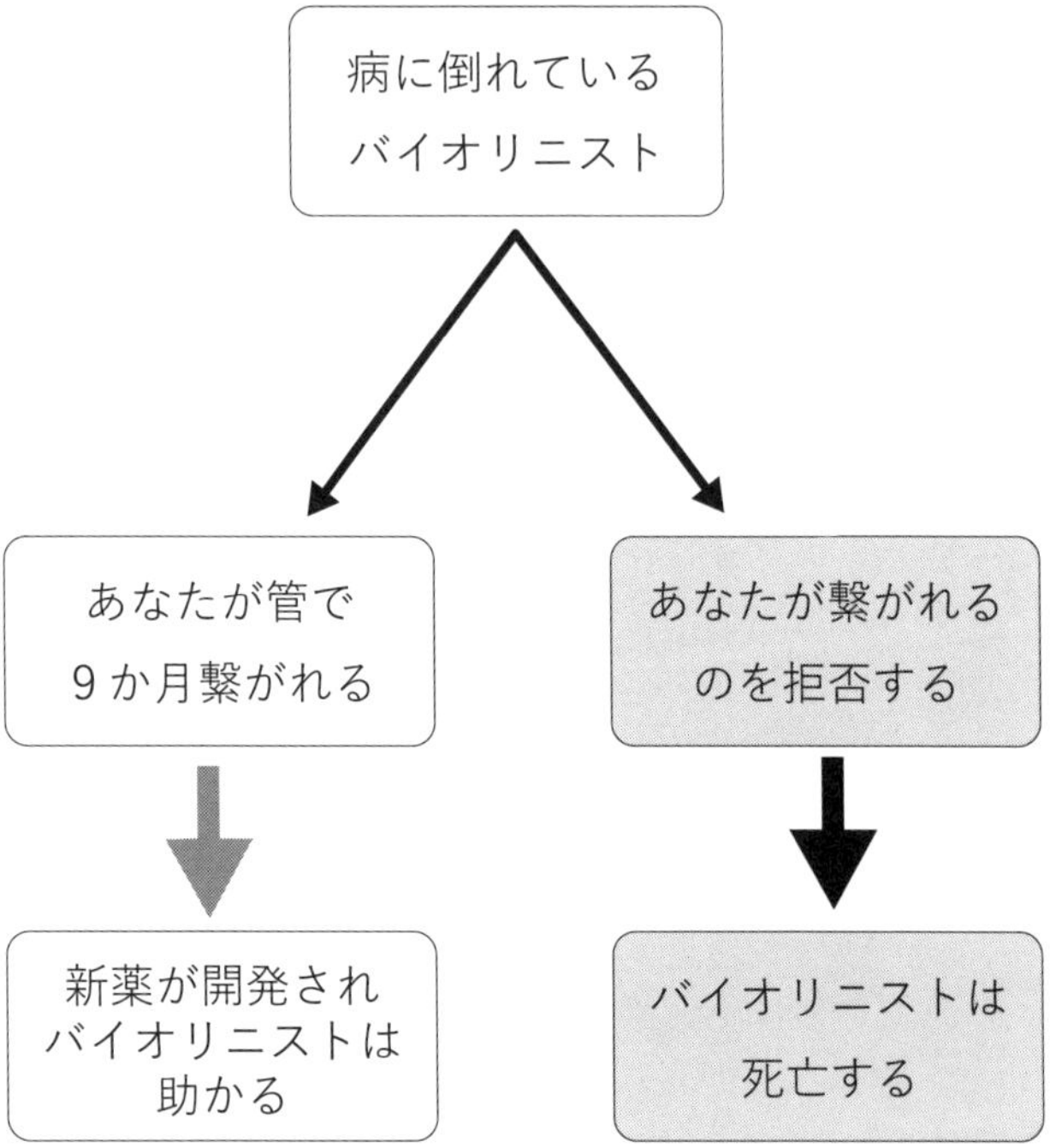

あなたはこのバイオリニストを
助ける義務があるのか？

考え方のヒント

この思考実験は、アメリカの哲学者ジュディス・ジャーヴィス・トムソンの有名な思考実験を元にしています。あなたならどちらを選択しますか。

自分がいなければ見知らぬバイオリニストが死んでしまう。しかし9か月もの間、赤の他人をさらい、その人の生活を奪わなくては生きられないという命を助ける義務はあるのでしょうか。確かに、人には他人を助けるという積極的義務があるでしょう。しかし、相手にも、人の生活を奪わないという消極的義務があると考えられるでしょう。

さらにあなたは、この話を聞かされて了承したわけでもなく、さらわれて無理やり今の状態にされたわけです。そのあなたがバイオリニストの命に責任を負う必要があるとは考えにくいでしょう。

とはいえ、あなたが管を引き抜くことで1人の人が命を終えるのだと考えると、その状態に置かれて管を引き抜く勇気があるでしょうか。

ジュディス・ジャーヴィス・トムソンは、バイオリニスト＝胎児、あなた＝妊婦として、中絶問題を考えるためにこの思考実験を作りました。そして、彼女は、バイオリニストを助ける義務はないとしました。

そうは言っても、9か月間の自己犠牲によって1人の人が助かるのなら、と考える人も少なくないでしょう。しかしそれでも、義務があるかと聞かれればそれはないと答えるのではないでしょうか。この場合、義務によってバイオリニストを助けるというよりは、親切心によって助けると考えられそうです。

9か月の間、自分が我慢して助けてあげようと考えたとしても、「君には彼を救う義務がある」と言われれば違和感を覚えてしまいそうなものです。

ここでよく例に出されるのが「善きサマリア人」という話です。

●善きサマリア人

おいはぎに遭い、身ぐるみをはがされ、さらにけがを負わされた1人の男性が倒れています。たまたま通りかかった祭司は男性に気がつきましたが、見て見ぬふりをして道の反対側を通り過ぎました。次に通りかかったレビ人も同じように道の反対側を通り過ぎました。最後に通りかかった1人のサマリア人は、その男性に応急処置を施し、自分の家畜に乗せて近くの宿屋に連れて行き、さらには宿代や世話代までも支払いました。

ここでサマリア人は男性を助ける義務があったのかと問われると、義務はなかったと答えるでしょう。これは親切であり、先に通り過ぎた祭司やレビ人も、後から罪に問われることはないはずです。

バイオリニスト＝倒れている人、あなた＝通りかかった人と考えることができます。ただ、善きサマリア人の話では負担がバイオリニストの話とは異なります。バイオリニストを助けるには9か月もの間、自らの体を提供しなければなりませんが、サマリア人は一時的です。

ですから、助ける側の負担が少ない善きサマリア人のような行動はとるけれども、バイオリニストの話は別であるという方も少なくないでしょう。

より負担が少ない善きサマリア人の話でも助けるという義務はないと考える人が圧倒的に多数になりますから、バイオリニストを助ける義務はないと考えるほうが一般的と考えてよさそうです。

【思考実験No.33】

コンピュータが支配する世界

時は2217年。コンピュータは飛躍的な進歩を遂げました。人の脳を完璧に解析し、その人の記憶や性格まで導き出してしまいます。そして、そこから未来を予測できるようになったのです。

人々はコンピュータに自分の子供を解析させ、最も適した職業を選ぶこともできます。自分の好みを分析させて住みたい街を選ばせたり、自分の能力を分析させて才能のある道を見つけ出したり、読みたい本はコンピュータが瞬時に選んでくれたりと便利なことばかりです。企業の側から見ても、会社に必要な脳を選ぶことができるようになり、スカウトもコンピュータが自動でやってくれます。

自分の能力がどれほどのものなのか現状がわかるだけでなく、現在の脳の状態から未来も予測することができます。無駄な努力をすることもなくなり、人生を無駄なく送ることができるようになりました。

結婚も一気に身近なものになりました。自分の脳情報をコンピュータに登録し、自分に合った異性をコンピュータに見つけさせ、一度も会うことがなくとも運命の人が見つかります。この機能により顔も知らぬまま結婚を決める人さえいるほどです。

警察も難しい捜査を行う必要さえなくなります。事件が起これば少しでも疑いのある人を片っ端から捕まえてコンピュータに脳を調べさせれば、瞬時に記憶が検索され、犯人かそうでないかがわかります。

このため、犯罪率そのものが低下し、街は以前より安全になりました。それどころか将来犯罪を起こしそうな人までわかるようになりました。犯罪を起こす確率が高い人はあらかじめ逮捕して更生プログラムを受けさせることが可能になったのです。これでさらに街の安全度は上がります。

国は国民の平和と安全と快適な生活、そして国の発展の為に12歳以上の国民に1年に一度脳情報を登録することを義務付けました。

果たしてこれは望むべき未来の姿なのでしょうか？

考え方のヒント

もし、コンピュータが飛躍的に能力を上げ、人の性格まで完璧に分析できるようになったらどうなるのでしょうか。

仮に、あなたがこの国の国民となったとしましょう。あなたは大好きな絵を仕事にしようと画家を目指して毎日絵を勉強していました。

ある時、脳情報を登録した際に両親は我が子の才能をコンピュータに調べさせました。脳を調べると、視覚に関する後頭葉の状態から、画家は向いていないと結論付けられ、美術学校はこの結果からどこも入学を許可しないだろうと知ることになります。

両親は画家の道をあきらめさせ、代わりにコンピュータがはじき出した、向いているという職種であるエンジニアを勧めます。

あなたは自分の絵は芸術だからコンピュータには分からないと反発心を抱きますが、世間はコンピュータが認めた人物の描く作品ばかりを高く評価するでしょう。そうなれば誰も認めてくれない芸術は無駄なものに思えてきます。

また、別の人は、手芸の趣味が高じて店をオープンしました。なかなか愛嬌のある絵柄が一時人気になりました。しかし、その人の手芸の才能は並み程度と知った人々は、その愛嬌のある絵柄に魅力を感じなくなりました。なんせ才能は凡人なのです。素人の作品だと批判するようになり、この絵柄はそれほど価値のあるものとは感じられなくなったのです。

ある人はある日突然警察に連れていかれ、全く身に覚えもないのに、そんな気もないと思っているのに、犯罪の可能性を指摘されて更生プログラムを受けることになります。

確かにコンピュータによる犯罪予想とそれによる更生プログラムがあれば犯罪は激減するでしょう。人々の平和も守られます。しかし、犯罪を起こすかもしれない性格であったからといって確実に罪を犯すとは限りません。

コンピュータが有能すぎる為、人々はコンピュータに頼るようになり、思考が弱くなるでしょう。弱くなった思考の代わりにコンピュータがさらにその穴を埋めていきます。まるでコンピュータに支配されているような世界は本当に幸せな世界なのでしょうか。

現実に今、記憶のメカニズムが解明されてきており、マウスを使った実験では記憶を操作することが可能になってきています。人間が制御できないところまでコンピュータが成長してしまう世界はあり得るのかもしれません。その世界で、あなたは暮らしたいですか？

おわりに

思考実験の世界をお楽しみいただけたでしょうか。

思考実験はもちろん1人で楽しむのもいいですが、大人数でも楽しむことができます。ですから、何かの折に話題に出すのも面白いでしょう。

あなたが常識と思っている考え方が多数派でなかったり、あなたの周りにいる家族や友人、同僚やパートナーは別の考えであったりするかもしれません。

そんな時は、意見をぶつけあうのではなく、なるほどそんな考え方もあるなと相手の考えを尊重することで、1人で読んでいた時には得られなかった発見を楽しんでいただけるのではないでしょうか。


本書は思考実験を楽しみながら論理的思考を鍛えようというテーマがありましたが、思考実験は時に生命を脅かす危険から身を守ってくれることもあります。

1977年3月27日午後5時6分（現地時間）、スペイン領カナリア諸島のテネリフェ島にあるロス・ロデオス空港の滑走路上で、２機のボーイング７４７型機（パンナム機とＫＬＭ機）が衝突。乗客乗員合わせて５８３人が死亡するという航空機史上最大の死者数を出す大惨事となりました。

生存者は61人（乗客54と乗員７人）でした。あまりに悲惨なこの航空機事故はテネリフェの悲劇と呼ばれています。

この事故では、衝突の直後は無事であったにもかかわらず、その後の火災で命を落とした人も多くいました。これは、あまりの出来事に思考が停止しその場で呆然としてしまい、逃げるという行動を起こすことができなかったことが原因ともいわれています。

イギリスの心理学者ジョン・リーチの研究によると、人は大惨事に見舞われたとき、呆然としてしまうか、冷静に行動できるか、取り乱してしまうかの３つのグループに分けられ、最も多いのが呆然としてしまうグループ（７割強）なのです。

この事故の複数の生存者は、普段からもしこうなったらどうしようかという深い思考を繰り返しており、それがいざという時の素早い行動につながったという説があります。

生存者の証言の中に、過去に事故に遭遇した経験があったため、つねに最悪の事態を考えて何かがあったときにどう行動するかをシミュレーションしており、飛行機に乗った際には避難経路を確認していたというものがありました。それ以外にも、どうやって非常口まで駆け抜けていくかを想像したり、電気が消えているかもしれないと想定して大まかな距離を感覚として把握しておく等、ほかの乗客がやらないことを自然に行っていたのかもしれません。つまり、彼らはもし飛行機が事故にあったらどうしようか、という設定で思考実験を行っていたとも言えそうです。

また、直接の体験がなくても、テレビ番組で事故の特集を見たり、知人からそういった話を聞いたりすることはあるでしょう。そこから思考を深く巡らせ、自分なりの思考実験をすることが、いざという時の生死さえ左右するかもしれないのです。

ネガティブな思考と思うかもしれませんが、これはネガティブではなく慎重で賢明な、冷静な思考といえるでしょう。

考えるという人にしかできない能力は使うことで鍛えられ、時にビジネスの成功を導いてくれたり、危険を回避できたりとあらゆる行動に直結します。

普段からの思考の準備が、冷静に行動できるグループとしての行動を起こさせるのではないでしょうか。

本書の思考実験は、私が面白いと感じた思考実験を中心に構成しましたが、きっととても面白いと感じた問題もあれば、どうも興味を持てないという問題もあったでしょう。

本書でご紹介したのはあまたある思考実験の一部であり、紙面の都合などで紹介できなかった興味深い思考実験がまだまだたくさん存在します。あなたにとって面白いと感じる思考実験はほかにも存在するかもしれません。

本書を通じて思考実験の魅力と、考える楽しさに新たな発見があったなら幸いです。

【著者略歴】

北村良子（きたむら・りょうこ）

1978年生まれ。有限会社イーソフィア代表。パズル作家としてＷＥＢで展開するイベントや、企業のキャンペーン、書籍や雑誌等に向けたパズルを作成している。著書は『パズル作家が明かす脳にいいパズルはどっち？』（コスモ21)、『おうちで楽しく！でんしゃの学習ブック７さいまでのひらがな・カタカナ・数字の練習』（メイツ出版）他。
運営サイトはIQ脳.net(http://iqno.net/)、老年若脳（http://magald.com/）等。

論理的思考力を鍛える33の思考実験

平成29年5月24日第一刷
平成29年6月27日第五刷

著者　北村良子

発行人　山田有司

発行所　〒170-0005
株式会社彩図社
東京都豊島区南大塚3-24-4MTビル
TEL：03-5985-8213　FAX：03-5985-8224

印刷所　シナノ印刷株式会社

イラスト　大塚砂織

黒板風背景：Created by Kjpargeter - Freepik.com

URL http://www.saiz.co.jp https://twitter.com/saiz_sha

 ISBN978-4-8013-0209-9 C0034